避坑有道

走出发展项目风险区

韩 伟 杜 玲/著

四川大学出版社
SICHUAN UNIVERSITY PRESS

图书在版编目（CIP）数据

避坑有道：走出发展项目风险区 / 韩伟，杜玲著. --
成都：四川大学出版社，2025. 5. -- ISBN 978-7-5690-
7375-1

Ⅰ．F224.5

中国国家版本馆 CIP 数据核字第 2024XP6685 号

书　　名：避坑有道——走出发展项目风险区
　　　　　Bikeng Youdao——Zouchu Fazhan Xiangmu Fengxianqu
著　　者：韩　伟　杜　玲

出 版 人：侯宏虹
总 策 划：张宏辉
选题策划：王　冰
责任编辑：王　冰
责任校对：张伊伊
装帧设计：墨创文化
责任印制：李金兰

出版发行：四川大学出版社有限责任公司
　　　　　地址：成都市一环路南一段 24 号（610065）
　　　　　电话：（028）85408311（发行部）、85400276（总编室）
　　　　　电子邮箱：scupress@vip.163.com
　　　　　网址：https://press.scu.edu.cn
印前制作：成都墨之创文化传播有限公司
印刷装订：成都金阳印务有限责任公司

成品尺寸：155 mm×235 mm
印　　张：15
字　　数：186 千字

版　　次：2025 年 5 月　第 1 版
印　　次：2025 年 5 月　第 1 次印刷
定　　价：88.00 元

扫码获取数字资源

四川大学出版社
微信公众号

它仍在狂奔
不知不觉已经冲出草原
跌跌撞撞的飞马是不长久的
管住莽撞的自己
敬畏和小心陷阱不是耻辱
英雄应该不死

英雄不死

致谢

第一是感谢案例所涉及的人和案例提供者。尽管把人名隐去了，也可能勾起你不好的回忆，也可能因为表达"粗暴"而带来不愉快。感谢你们以"自嘲助天下"的精神帮助大家。能借助你们的故事和经历，让其他项目不掉坑、少掉坑，就是让更多的人受益，提高了发展投资的效率，扩大了项目的社会影响。第二是感谢那些帮助丰富本书内容的人，那些安排机会让我们介绍发展项目如何避坑的机构，那些参与系列培训被我们"折磨"过的人，是你们的热情和耐心加快了这本书的写作进度。第三是感谢本书的资助者——招商局慈善基金会。感谢你们的睿智豁达，了解、理解和尽力满足发展领域的一线需求，支持另辟蹊径提高发展效益的念头，为本书面世提供了机会。也感谢黄奕、李志南、李文荟不断为本书写作提出的多种建议，感谢程美对本书插图的贡献，感谢李慧涓和余婷婷对本书的全力支持与辛勤付出。

衔草一拜
送上真心的祝福

眼前这本书，真的值得大家研读。理由很简单：

第一，这本书直击关健。不仅直面发展项目普遍面临的难点问题，而且开启了改善深化发展项目效果的新路径——少犯错误就能更成功。过去，相关的研究更多地关注正面经验，往往漏掉了导致项目失败的常见因素。就如木桶效应，有时候一个缺口就能让桶里没有多少水留下来。这本书补上了这关健一环——避免伤害就能扩大发展项目的有效成果。

第二，这本书"干货"满满。从正面角度，书里介绍了很多做成项目、做好项目的知识、原则和操作技能。例如，在发展项目中落实社会公平性的 5 条具体路径，衡量评判发展项目优劣的"五好标准"等。从避坑的角度，本书总结了很多实用的办法，如避免发展项目触礁的"凌波微步"，发展项目避坑的 3 个"法宝"等。很多时候，避免失误是需要技巧的，这本书从头到尾充满了如何避坑的实用技能介绍，并用深入浅出的生动语言讲述可以借鉴的成功案例，这是有利于发展项目实操者阅读和理解的。特别值得一提的是，书中有趣的插画能够帮助读者理解关键信息点，让人在莞尔一笑中就懂得了个中道理。这本书可以说是发展项目工作者难得的有用工具。

第三，这本书耳目一新。不仅文笔生动活泼，富有情趣，而且直面了一些过去较少得到研究的发展领域和发展项目的实际问题。一些知识点是值得继续深入研究的，如乡村振兴面临的"五大困境"，协助者在克服"参与不足"和"无序参与"困境时的角色作用，社会公平性在消除不满情绪方面发挥的作用，"目标群体主导"对培育基层治理能力起到的作用，如何确保发展项目的政策性，如何利用参与式方法深化群众工作，等等。这些知识点在未来应当有很大的深入研究空间，也可能成为中国发展项目领域具有独特价值的重要部分。

以上三点，让这本书成为有用的书、有价值的书。这是作者深耕发展项目实实在在的经验总结，相信这本书一定能引起读者更多的思考，也能帮助读者以之为借鉴，改善自身的实践。

招商局慈善基金会资助出版这本书是做了一件好事，选题准确，切中了发展项目领域的痛点和难点，有助于我们直面当前乡村振兴和基层治理改善的现实挑战。可以相信，改善发展项目的参与性，提升发展项目的政策性和价值追求，激发受益群众的主动性和积极性，对于做好项目建设，建立和强化受益群众的自我负责精神，激发内生发展动力将起到巨大的作用。

发展项目工作者和未来的协助者们，赶快阅读本书吧，里面的一些实践经验和有趣案例是有参考价值的。它将改变你对发展项目的心态，提高你的实操技能。

能避坑的人生更完美！祝你收获满满。

四川省社会科学院　研究员

郭晓鸣

2025 年 5 月

发展项目，是你的身边事。一方面，你身边的民生改善、社会服务改善、环境建设等诸多好处，都是发展项目带来的。另一方面，你可能也看过、听过有关发展项目的负面消息，例如抖音里常见的"修了拆再拆了修"工程、面子工程等。这都是发展项目踩了坑。发展项目因为使用的是无偿资金，有点像唐僧肉，自带"踩坑气质"。避免发展项目踩坑，是我们大家都关心的事情。

在乡村振兴新阶段，在发展项目走到"最后一公里"的时候，踩坑概率骤然升高。各种困境和"坑多雾重"的现实，有可能让发展项目陷入风险区，滑向"国家资源投入越来越大，群众获得感越来越弱"的尴尬局面。最直接的证据是，一些地方群众"躺平"现象增多，一些基层干部越来越觉得"吃力不讨好"，常常出现"干部干、群众看"的现象。这些都值得我们重视。

本书主要关注发展项目如何避免犯错误，或者说"不踩坑""少踩坑"，以更好地实现发展目标。过去，人们更喜欢总结成功经验，很少去分析失败原因和教训。这让发展项目坑多、失败多的现实被掩盖了。本书将重点聚焦发展项目的失败教训。从实操的角度，扫描和反思发展项目最常见的坑，分析思考如何有效避坑，进而提高发展项目的效率、成功率与社会贡献。

以避坑为切入点，改善发展项目的实施质量，是全新的尝试。这得益于冯杰（本书跋作者）的推动，是他首次建议我们把发展项目的"坑"列为重要培训内容的。2016年以来，我们在各种培训班和研讨会上讨论发展项目如何避坑的问题，逐渐总结和积累了一些发展项目避坑逃坑的案例和经验。

　　介绍项目失败的书并不多见，所以参考文献较少，理论总结不多。我们只是尽量介绍一些事实，用故事来阐明一些道理，提供一些参考案例，基于我们自己的经验梳理可能的避坑思路和实操建议，帮助一线人员改善发展管理工作，提高发展项目的成功率。

本书作者

2025 年 5 月

社区发展项目怎样才能
不踩坑少踩坑？

本书的读者：

社会组织工作人员

基金会工作人员

政府官员

公益慈善项目相关人员

目 录

CONTENTS

第一章
夹缝中的实操手

本章提要

◆ "资源投入大、群众获得感低"是实操手不容易摆脱的噩梦

◆ 发展项目是容易踩坑的项目，"坑多雾重"是基本现实

◆ 实操手遭遇五大困境，面临严峻挑战

看过太多金庸故事。多想在今后回望经手过的项目时，有那种大侠"收剑回鞘"的感觉。可别让一地鸡毛的惆怅成为永久的回忆……

——一个发展项目实操手

发展项目实操手，指发展项目的实际操控者。他们对发展项目的设计和实施有话语权，可以操控发展项目走向，对发展项目的成果追求有绝对的影响。

实操手主要是发展机构的工作人员，如政府各类项目办工作人员（项目专班人员）、基金会项目官员、社会组织项目管理者。上述三种人都不在的时候，项目怎么做常常由基层行政负责人说了算，这时乡镇、街道和社区的工作人员就是项目的实操手。

操控管理发展项目并不容易。实操手面临"坑多雾重、群众容易不满意"的现实困难，面临发展项目难以逾越的一些困境。

很多人一门心思追求项目开花，稍不注意就可能项目成渣。因为，前面的路，坑太多。

发展项目的投资，要么是国家财政资金，要么是社会捐赠资金，都是无偿使用的资金。这让发展项目看起来有点像"唐僧肉"，一方面广受欢迎，另一方面受到干扰众多。近年来，在发展项目取得巨大成效的同时，也有一些项目误入歧途。或是不能抵抗种种干扰，或是被种种迷惑带入歧途。发展项目一旦走偏，几乎毫无例外地引发群众不满。为落实政策而生、追求和谐社会进步的发展项目，引发社会不满是噩梦，发展项目的操控者生怕被噩梦缠身。

知恶方能不为。

我们借助以下几个案例，带你了解项目噩梦可能从何而起。

（一）被村民嫌弃的村头图书馆

在农村见过一些无人问津的村头图书馆。

一排排整齐的新书铺满灰尘。借书登记册要么空空如也，要么带有明显的作假痕迹。显然，图书馆从建立之日起就很少被人利用。有的地方，因有新项目要占用图书馆，这个与村民无关的图书馆几乎没有使用就被关闭了。这里不是讨论读书对孩子成长有没有作用，而是讨论利用稀缺资金修建的村头图书馆，成为摆设，白白浪费项目资金，让人心痛。

这可能是一个已经上报为"成功"的项目。无偿资金可能已经划拨到位，财务报账手续可能已经完善，项目验收可能已经合格，甚至可能已经在媒体上公开宣传，在大会上得到了表扬。但是，一些村民并不认账，心里不满意。

从村民的角度看，这是在傻傻地糟蹋钱。

村民有一大堆问题想问实操手：你们为我们投资花钱，为什么不问问我们最想要什么？为什么不把钱用于解决我们最迫切想解决的问题？花了钱我们又没有得到好处，这算怎么一回事？国家和社会给了我们那么多好处，但我们又确实没有得到该有的实在好处，我们该感谢还是抱怨？

这个故事说明，不能瞄准受益群众需求，是项目噩梦的一个来源。你花钱做的事情与被帮助者没有多大关系，当然会"吃力不讨好"。既浪费宝贵资源，又让群众不满意。

（二）群众不满意的学生资助活动

某县一个社会组织，利用社会捐赠资金帮助家庭困难儿童支付教育经费，得到社会广泛好评。

但是，教育奖学金最高得主的邻居却有意见。一位大姐找上门来理论，并到管理部门反映上访。她觉得：我家也很困难，为什么我家的孩子就没有得到资助？你们是不是只资助你们的"关系户"？你们说资助名单是由社区居委会提供的，那是不是只资助他们的"关系户"？你们提前和事后公示过相关信息了吗？为什么我就没有提前得到要资助困难学生的信息？你们是用什么标准来确定资助对象的？你们的评选程序公开透明吗？你们找了独立中立者监督公证吗？……

这个社会组织觉得自己够委屈的。自己主动到社会上去募捐，辛辛苦苦地开展资助活动，为社会"送好处"，却被严重质疑私相授受、做事不公。为什么现在的人这么"爱抱怨"？是"吃不到葡萄就说葡萄酸"吗？是"贪心"和"觉悟低"吗？好像过去行善就没有那么多误解，现在做公益慈善更容易招致批评，为什么？

现在做公益慈善更容易招致批评，这句话没有说错。

现在的公益慈善和过去的行善有巨大差别，这一点，很容易被忽视。

一个明显的差别是，过去的行善主要是捐赠者拿钱自己行善，而现在的公益慈善更多的是利用社会捐赠由中间人（实操手）开展公益慈善活动。这导致社会对"善举"的态度发生巨大变化。

过去你私人拿钱亲自行善，是可以"想送谁就送谁""想给多少就给多少"的。社会那时对你很包容和宽容。现在你作为公益角色，动用"公家"资源（国家资源或社会捐赠）开展公益慈善活动，人们对你的要求更严格和严厉。不再允许你搞"想送谁就送谁""想给多少就给多少"那一套了。

一来，你的中间人身份让人不完全放心，有些担心自然要产生。如：这些中间人能公允地把"公家"资源用于最困难、最该帮助的人吗？这些人会不会把好处自揣腰包？这些人会不会搞"肥水不流外人田"？这些担心是人性使然。你不能假装别人的担忧不存在。你能做的是尽量自证清白、自证公平公正。其实，自证清白很简单，比如你把自己换位成前面那位有意见的大姐，她的疑问就是你自证清白时该解释清楚的事情。

二来，人们对公益慈善活动的"公平公正"高度敏感。这涉及一群最困难、最需要得到帮助的人的实在利益。谁该得？谁该多得？谁可能少得？这些问题牵动千家万户的心，大家的关心程度高，也就高度敏感，高度期望公平。你如果忽视公开透明或没有邀请有公信力的人参与过程监督，一定会有人不满意。多几次的话，生气掀桌子的事情就难免发生，甚至还可能有一大堆谣言把你包围。这不是没有发生过的事情。

这个故事说明，忽视社会公平是项目噩梦的一个来源。即便是为社会"送好处"的发展项目，忽视群众对"公平公正"的追求，也可能引发群众不满，导致矛盾，破坏和谐，降低受益者的获得感。

（三）短命的饮水工程

一个山村的集中供水工程，把两个村民小组农户从饮水困难中解救出来。项目从山顶取水，通过两根主管把清洁水送到村民小组蓄水池，再从蓄水池接管道把水送到各家各户。大家很享受既达卫生标准又方便的自来水。

然而，工程投入使用的第二年，一些群众家的水龙头就不出水了。

原来是水源池有泄漏，山上的主管道也不知什么时候被人砸坏了。出问题并不奇怪，麻烦在于无人负责维护维修。漏水口越变越大，最终导致主水管完全停水。有的农户被迫重回深山沟取水，有的农户重新清理利用老井，有的农户开始掏钱请人打新井。一个集中供水工程使用不到两年就这样报废了。

一个小毛病逐渐变成大毛病。大家宁可回到过去的困难状况，也不团结合作共同维修维护管道以持续受益。是群众的觉悟低，还是有些该做的工作没有做？

这个案例说明，只管工程修建，忽视可持续管理使用机制的建立，是项目噩梦的一个来源。只忙于修建，不关注工程的持续维护利用，发展项目就很容易短命，既浪费了投资，又伤了群众的心。

（四）排斥最贫困户的扶贫项目

某村贫困户住房改善项目实施后，在一片新房中醒目矗立的，是几栋旧茅草房，这是村里的几户最贫困户。原来因为他们太穷交不起配套资金，其住房没有资格进入老旧住房改造项目。

本来，当地那些年扶贫房屋改建的资金预算是，每改建一套标准房屋国家补助 14 万元。有人提议，改国家补助 14 万元 / 套为 7 万元 / 套，另外 7 万元由房改户自己掏腰包。还说，你自己不出钱说明你没有参加项目的积极性，是不支持项目，不支持项目就不应该参加项目。更冠冕堂皇的理由是，"提高国家扶贫资金的使用效率"。是啊，最早国家投入 14 万元只能改建一套房屋，现在可以改建两套房屋了，这两家可以各交 7 万元配套资金用于改建房屋。同样多的国家扶贫资金，改建房屋成果翻了一番，看似是好政绩。但这可把几家最贫困户难住了，有的贫困户只能选择退出项目。最终，出现了崭新房屋群中几个最贫困户茅草房醒目矗立的一幕。

这里不是讨论每套房应该补助多少资金才合适的问题，而是讨论有的贫困户被不小心排斥在扶贫项目之外的问题。项目配套资金的要求，变成一道门槛，把最贫困户排斥在扶贫项目之外。后来，这个错误被严肃批评后得到了纠正。

这个故事说明，以效率为由头，或以其他理由为借口，高筑门槛排斥那些政策要帮扶的目标群体，是搞社会排斥，是项目噩梦的一个来源。

发展项目是为落实国家政策而存在的。如果以效率为由头，筑门槛搞社会排斥，怎么落实？修再多的房，只要最贫困户被排挤出去了，就是扶贫项目不扶贫，就是搞丢了国家扶贫政策的初心。

上节通过 4 个故事，让大家了解项目噩梦的一些来源。

实际上，项目噩梦的来源五花八门，发展项目坑多雾重是严峻现实。

实操手必须坚毅面对一个现实：发展项目是容易踩坑的项目。

（一）什么是坑？

坑，从字义上讲，是凹下去，是前行路上的不平。

坑，是让人摔跟头的地方。

坑，是让人遍体鳞伤的地方，是"黄金变粪土"的工场。

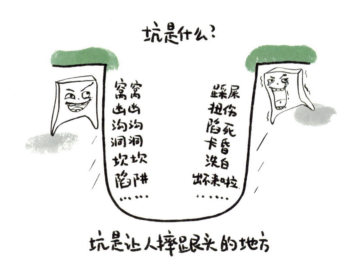

（二）什么是发展项目的坑？

把发展项目比喻成一个人，他要前行，要成长，要走向成功。

但是，实操手有失误、犯了错、没操控好，就可能让发展项目摔跟头、被拖后腿、走不远、走不到成功或做不到完美成功。

我们把实操手可能摔的跤、犯的错，形象地比喻成踩坑。如果实操手踩了坑，发展项目就会摔跟头甚至失败。

和赚钱项目、军事项目或其他项目相比，发展项目的最大特点是实现政策目标，是尽社会责任。坚持社会公平正义，坚持为人民群众谋福利，追求人民群众的获得感和满意度，是发展项目的初衷和不懈追求。偏离政策目标的发展项目，常被说成是丧失了发展项目的政策性。

导致发展项目偏离政策目标和其他要求的种种干扰因素，就是发展项目可能遇到的坑。如果实操手有失误、犯了错、没操控好，让种种干扰因素起了作用，就是踩坑，就是掉坑，就是被坑，就是项目噩梦缠身。

发展项目是什么？

发展项目是落实贯彻国家发展政策的项目。"发展"是"开发"的升级概念。过去"开发"更多地指硬件建设和经济建设。现在用"发展"替代"开发"，强调的是以人为本，全面协调可持续发展。因此，"发展"概念涵盖了物质建设、经济建设、环境建设、精神文明建设、人与社会协调的全面发展。本书中的发展项目主要指国家的社会发展项目和社会捐赠的公益慈善项目等。我们重点关注其中的民生项目，特别是帮助落后地区和特定人群的项目，如国家的扶贫项目、乡村振兴项目、农村发展项目、基层治理改善项目，如社会捐赠支持的公益项目和改善服务的项目。发展项目一般有特定的政策目标、目标人群和资源政策，比一般项目有更多的社会责任和社会公平正义要求，不可和市场盈利项目以及军事项目等混为一谈。对发展项目的评价一定是发展目标是否实现，而不完全看赚钱的多少和工程的规模等。

下面是一些发展项目掉坑的例子：

一个花了钱却对群众而言无用的发展项目，肯定是掉坑了。无论你花了多少钱，无论你修建的建筑有多么宏伟，只要是修建的工程对群众毫无用处，你就已经深陷泥坑。

一个今年修建明年就不能使用的工程设施，肯定是掉坑了。如果不是救急救灾，花钱求持续性效果是天经地义的。那些修建后就不被使用的大型设施，肯定是栽进了某种难以言状的坑。短命工程无论出于什么原因，都是项目实操手踩坑的后果。

一个不商量、搞强制、不讲道理、搞暗箱操作的发展项目，肯定是掉坑了。从效果上看，后遗症多是掉坑了，干群关系被破坏是掉坑了，群众感到不公平、戾气加重也是掉坑了。只不过很多时候你没有机会听到有意见有情绪的声音罢了。

···········

坑，有时候是被博弈者套路出来的。

坑，很难被历数，容易被变现。变现成什么？变现成项目失败。

坑的尽头是项目的失败。

（三）有些坑常以冠冕堂皇的理由为掩护

既然发展项目有唐僧肉一般的吸引力，眼馋的人肯定多。当然，别人不会傻乎乎直接说"我想吃唐僧肉"，他们一定会编些貌似正确的由头来忽悠你。理由总是"高大上"，只有政策要求跟不上。

而在明面的理由背后，可能是自己的成绩政绩，可能是重新分配项目的"好处"，可能是创建自己的"寻租"机会，可能只是显示自己能干和有权力，也可能只是方便自己偷懒，能够"简单粗暴"不太花力气就把工作做得"亮眼"。

问题在于，依照有些冠冕堂皇的理由所做的事情，有些引发群众不满情绪，有些违背政策要求，有些加剧社会不公，有些和社会主义核心价值观不一致，有些降低了人民群众的获得感。比如，忽视民生需求和经济承载能力的门面工程，"亮眼"的高价人造景观，难以惠及真正贫困户的"花式扶贫"，等等。

下面是三种最常见的忽悠借口：

——效率借口。某地为了改善集镇所在地饮水条件，把一个饮水困难的边远村的饮水改善项目挪到集镇所在地，理由是：花同样多的钱能让更多的人改善饮水卫生。是啊，边远贫困山村住户少，集镇所在地住户多，一边是扶贫政策，一边是投资效率。如果使用的是扶贫资金，这就是以效率来诱惑、迷惑实操手改变项目的目标群体。

谁是发展项目的目标群体？

发展项目的目标群体指发展项目的工作对象。发展项目是落实贯彻国家发展政策的项目，项目要帮助的对象就是发展项目的目标群体。目标群体是比较笼统的说法。对民生项目，可以叫作受益群众。对服务类项目，可以叫作服务对象。对治理改善项目，可以叫作当事者，或工作对象，或多元利益相关者。对于参与式发展援助，可以叫作目标群体。扶贫项目的目标群体或扶贫项目的受益群众，就是贫困困难群众。发展项目如果把工作对象都搞错了，肯定是一件难堪的事情。本书说的目标群体泛指以上所列的所有项目的工作对象或受益群体。

——政绩借口。编织"高大上"借口，一味修建形象工程，甚至挪用民生项目资金修建门面工程、样板工程。理由是做出成绩、提升当地形象有利于当地发展，实际上可能是投上级所好，容易出现大而不当、后遗症多等弊端。

——能力借口。以群众能力差为理由，拒绝群众参与项目监督；说群众看不懂文件，拒绝财务公开；借口群众笨，发展集体经济的时候拒绝一般农户参加；为给工程队介绍生意，就说群众不会搞建设，修路修池等小微工程也要请专业工程队到边远山村修建。

这些借口，和其他荒诞理由一起（如曲解政策、蒙蔽舆论等），实际上是在围猎发展项目，是坑的主要来源。很多人可能只有在群众怨声载道的时候，才反应过来，自己已经踩坑，项目已误入歧途。当然，也不排除有人"装睡"，明知故犯。

不上当好难

总之，实操手在一开始就要清楚明白，导致很多发展项目掉坑的，常常是各种各样冠冕堂皇的理由和借口，"坑多雾重"是发展项目难以逃避的环境。

不断明辨是非，不断抗拒引诱，才可能不当"踩坑大侠"。

心中有目标，前路多坑洼，避坑要有思路。

然而，在产生思路之前，对发展项目主要的坑的来源应该心中有数。

（一）"最后一公里"困境

经过改革开放以来几十年的努力和奋斗，发展项目到了"最后一公里"阶段。

而这个"最后一公里"，恰恰是坑最多、坑最深的阶段。

主要的建设、重要的建设趋于完善，容易做的工作和难于攻克的堡垒都已经不在话下。政策的优惠、要让人民群众实实在在得到的好处，从社会整体的角度来说，覆盖程度也已经比较高。政策和资源开始向最远端的末梢发力。自上而下的远端，却是底层最困难群众的近端。有些地方，瞄不准政策要帮助的对象，做的事情是群众觉得没有用、不喜欢的。一些政绩表演伤了群众的心，出现"干部干、群众看"的"躺平"现象。坑多、坑深的"最后一公里"，有可能滑向"政策资源投入大，但人民群众获得感低"的困局，让发展项目建立主体意识和激发"内生动力"的追求，变得高不可攀。

"最后一公里"现象表明，兑现国家政策和社会善意的最后一程，容易出现"末梢堵塞"问题。政策和善意从资源方出发了，快临近最终接受方或政策指定受益者的时候，因种种原因滞留、停顿、转弯，不断 "走在路上"或"停在嘴上"，让群众觉得"听得到、得不到"。

"最后一公里"现象的影响是巨大的。因为事情在群众身边发生，是群众的身边事。群众获得没有？满不满意？其他事情是听来的，从媒体上看来的，但群众身边事是群众能直接感受到的。发展项目在"最后一公里"做得好不好，对塑造群众的国家认同感影响巨大。

"最后一公里"受到的干扰最多。权力寻租念头、懒汉思想、蛮干独断心态、运动式政绩式做法等，由于离上级远，容易缺少监督而成害成灾。即便一些做公益的商业精英，也容易在"最后一公里"失态，借公益活动搞品牌造势和企业营销等。一些群众也可能能搭便车就搭便车，一边抱怨一边配合演戏。各种干扰在华丽的包装下，形成了发展项目坑多、坑情严重的现实。

"最后一公里"的问题解决难度大。"最后一公里"的事情，是利益兑现的最后阶段，具有强利益连接特征。基于利益连接，大家的关心程度最高。多种利益连接形式、多元利益群体、多种政策借口，被包装过的多样化博弈行为等，把解决问题的难度翻了一番又一番。

"最后一公里"的历史遗留症最多。历史上，无论是观念上还是操作方面，几乎所有难以解决的问题、难以攻克的障碍、难于突破的瓶颈，都被遗留在"最后一公里"，使其成为遗留问题和历史矛盾堆积的场所。"最后一公里"往往是矛盾的源头，但"从源头化解矛盾"的要求常常只停留于嘴上，有的人面对实际利益矛盾，要么"横着走"，要么"绕着走"，做完一件事，留下一堆后遗症。

"最后一公里"工作成本明显更高。在"最后一公里"，过去做大工程的人必须面对众多小微工程，建设成本和工作成本明显增加。发展项目传统的大兵团作战方式很难适应"远村少户"①、

① 指边远村、户数少。农村越往基层、越边远可能人烟就越稀少。水、电、路、广播等民生项目常常面对边远村落、仅几个聚居户的情况，工程小，设施却不一定好管理。

小微工程和需要更多群众工作的事情。走进群众、组织群众、陪伴群众和做深入细致的群众工作，既没有足够的工作成本，也缺乏有效的工作方法支撑，远远超出了传统项目办的工作能力范围。

"最后一公里"坑多、坑情严重的现实，让发展项目始终面对难以历数的种种干扰，一些经不起考验的发展项目，容易失去英雄本色。有的是政策打了折扣，有的是项目拐弯跑了，有的是留下不公平感觉的后遗症……

习近平总书记多次强调一定要打通"最后一公里"，不允许"服务"不能抵达终点的"断头路"。

"最后一公里"不应该成为发展项目的"伤心一公里"。

（二）协商共决困境

发展项目面对的另一个严峻挑战是，"最后一公里"的很多事情是需要协商共决的。

大型机械进场，踩踏土地和损害青苗需要赔偿，但各家说辞不一，怎么办？

工程设施修好了，长期使用需要维护与管理。而维护管理总需要一部分资金成本，需要大家的"协商共决"，怎么办？

发展项目要涉及很多公共事务管理问题，居住小区的治安问题、安全问题、卫生管理问题、和谐共管问题等，需要大家"协商共决"，怎么办？

国家补助老旧小区安装电梯，是否安装？成本如何分摊？今后如何管理？怎么办？

你会突然发现，发展项目面对需要协商共决的事情，常常是"肌无力"。

而发展项目进入"最后一公里"以后，要做的事情，更多时候是面对"远村少户"和小微工程的协商管理。如工程后续管理、小区公共空间管理、老旧小区管理、社区公共事务管理、河流环境管理、小流域治理管理、社区自然资源和谐管理、集体经济治理等。凡是要大家平等协商、达成共识、共同行动、自主管理的事情，发展项目就显得"肌无力"，因为很多人不知道该如何公平公正对待和处理群众共管的矛盾。本质上，这反映了一些发展项目和一些实操手缺乏深入细致地做群众工作的能力，过去习惯了自上而下指挥命令的工作方式，很多人对需要发动、推动群众协商共决的事务还处于力不从心的状态。

常在基层走动的同志都知道，有的人喜欢把钱和权握在手上，就喜欢搞修建，把发展项目当成"糖衣炮弹"，让工程队把"糖衣"吃了，把要得的好处得了，留下公平受益矛盾、持续管理矛盾、土地纠纷或补偿纠纷、干群关系恶化等一大摊"炮弹"，扔给基层政府去应对。这种挖坑的现象，是实操手噩梦的温床，必须纠正和整改。

（三）群众参与不足困境

为什么有时候瞄不准群众的"急难愁盼"？因为群众没有机会参与"做什么"的选择和决策。安排项目资源做事的时候，如果帮助对象被晾在一边，发不出声音，那么他们的"急难愁盼"，就变不成项目资源要帮助做的事情。

为什么"辛辛苦苦做了事情，而群众获得感低"？因为做的一些事情不是群众需要的、想要的。以"政绩"工程和"门面"工程为例，有的人只管自己做"政绩"和"门面"，忽视了群众迫切想解决的"痛点"和"难点"问题。问题没能解决，哪来的获得感？

为什么有"干部干、群众看"的尴尬？有的人一次又一次地为"政绩""门面"而"辛苦"，让群众一次又一次地在"急难愁盼"中失望：你只管做你愿意、你喜欢的事情，还要求得不到实际好处的群众配合你演戏。瞄不准群众需求的"送好处"，让一些群众只能无奈地袖手旁观，甚至让一些群众产生了"鄙视"心态。

显然，"最后一公里"的发展项目，面临群众参与不足的困境。

仔细分析会发现，群众参与不足实际上是很多坑产生的基本条件。

群众参与不足，导致发展项目瞄不准受益群众需求，失去了解决难点、痛点问题的机会，让发展项目的效果和成果打了折扣，降低了目标群体的获得感。

群众参与不足，让发展项目失去了群众监督的眼睛。在自上而下监督容易弱化的"最后一公里"，如果群众看不见和发不出声音，很多奇奇怪怪的事情就更容易发生，"中间人小算盘"和国家要做的事情就容易混在一起，发展项目有可能演化出更多"权力寻租"、政绩门面工程、资源资金流失等坑。损失的不仅是"唐僧肉"，也可能导致群众对国家的信任和认同感降低。

群众参与不足，有破坏凝聚力的重大不利效果。排斥群众参与，会把"凝聚人民群众"直接变成一句空话。本来自己的事情自己最关心，结果自己变成了外人，变成搭便车的人，失去了对自己负责的机会和积极性，一些人就会逐渐"躺平"。加上资源资金信息可能扑朔迷离，加上工作方法可能简单粗暴带来疏离感，加上参与不足给谣言的推波助澜留出了空间，这种排斥受益群众参与的做法，简直就像一个专门挖坑的局，把"凝聚力"给埋葬。

反过来，如果在"最后一公里"的发展项目中，提供更多机会让群众参与，会发生什么？

在做事情的时候，让群众发出更多的声音，更有效地表达自己的愿望和要求，项目设计就会更精准，做的事情就更受群众欢迎，群众就有更大的获得感。

如果受益群众能够有效参与监督，如物资采购、工程建设监督，或项目招标中让有威信的群众代表参与关键环节的监督，采购物资的质量可能就更有保障，工程施工质量可能更好，群众更能感到公正合理，对发展项目满意度会更高，获得感更强，群众更能够实实在在地认可发展项目带来的好处。

如果把安排项目资源的权力交给受益群众，特别是在"最后一公里"的"远村少户"、小微工程中，受益群众能主导项目活动的实施，大家合伙做的事情就更可能瞄准痛点和难点，群众自己也更喜欢、更满意，获得感也更强。最有利的是，群众主导掌控资源的安排决策权后，就自动屏蔽了一些权力寻租、政绩面子工程、资源流失等挖坑做法。受益群众因拥有主导权而变得更积极，因为做得越好自己就受益越大，在实操过程中，也有机会逐渐学会怎样"共建共管共享共治"。

有鉴于此，我们把"群众参与不足"看成是发展项目的最大困境。因为，解决了"群众参与不足"问题，可以附带消除一大批相关的坑。

（四）"中间人"困境

迄今，大多数发展项目的操作方式是"资源方出钱，实操手操办，目标群体受益"。实操手本质上是从资源方或委托方输送善意、利益到受益群众的中间传递人。而发展项目的所有大事，包括做什么、怎么做、资源如何安排使用等，都由实操手说了算。所以，我们把这个模式叫作"中间人主导"的项目实施模式。

"中间人主导"模式在"最后一公里"明显开始力不从心：

一是有些"中间人"只对上负责的做法，降低了受益群众的获得感。本来"中间人"应该对所有相关方负责，如果只对上负责，就会让目标群体被边缘化、被忽视。比如，有的中间人只喜欢做自己的"政绩"事、"门面"事，做事不与受益群众商量，结果出现瞄不准目标群体需求、做的事情群众不喜欢、做事情时"干部干、群众看"等现象。

二是很多"中间人"缺乏应对"最后一公里"挑战的能力。很多"中间人"习惯了简单强势做大项目，但是在"最后一公里"，群众居住地更边远、更分散，需求更多样、更复杂，项目规模变小，数量增加，需要更细致的群众工作。推动群众协商共决利益矛盾、公平合理共享发展项目成果，是很多"中间人"的短板。一些人面对"最后一公里"的复杂性和群众主动参与的热情完全没辙，不理解为什么自己做了"好事"群众还抱怨、不满意，不敢面对强利益链接时过细的群众工作，不追求激励群众责任心和激发其内生动力的做法。

三是"中间人主导"模式容易让人反复踩坑。你看看，"资源方出钱—实操手操办—目标群体受益"，在这个操作方式中，如果实操手踩了坑，犯了错，导致项目失败，是谁吃亏？吃亏的是资源方，痛心疾首的是目标群众，而"中间人"很难有切肤之痛。这是一个"我踩坑，别人更吃亏"的畸形因果链。当踩坑人踩坑自己却不吃亏时，他会有兴趣关注避坑吗？即便是当时被逼无奈总结了踩坑的经验教训，也容易"好了伤疤忘了疼"。

以上三点构成了"中间人"在"最后一公里"的无力感，是发展项目的"中间人"困境。这种困境有可能导致"政策资源投入大，但目标群体获得感低"。在局部地区，一些"中间人"过度强势，阻碍了受益群众发出声音、表达诉求，剥夺了受益群众监督项目的机会，让群众对发展项目缺乏拥有感和积极性。缺乏受益群众有效参与和监督的"中间人主导"模式，也容易让一些冠冕堂皇理由掩护下的"中间人小算盘"趁虚而入，成为其他很多坑的来源。

（五）无序参与困境

"群众参与"是连环难题：群众参与不足则死气沉沉，群众没有积极性和拥有感；推动群众参与，又可能"一放就乱"，陷入无序参与困境。

所谓"无序参与困境"，指利益相关者（受益群众）在协商共决时出现的"乱七八糟窝里斗"现象。主要是大家这时还没有建立起"共商共建共管"的能力和习惯。在没有外部有效帮助的情况下，一群受益群众自发有序地"共商共建共管"，是小概率事件。

无序参与困境主要由利益分享或成本分摊不均衡等因素引起。以老旧房屋改造、国家补贴某单元"联建"电梯为例，一楼住户和七八楼住户的分歧是显而易见的。如果没有人来做专门的工作，大家只能"无序参与"。这让一些人不看好"群众参与"，不喜欢深化群众参与。

但是，不喜欢也躲不过去，发展项目必须面对很多"联户共享"的事情。如农村共用机耕道、共用灌溉渠，城市老旧居民院落的停车、治安、卫生等共管事务；就连发放衣服类救济物资，因为物品的差别大家也会计较甚至争论起来。这类事情，一方面最牵涉群众利益和情绪，另一方面又必须推动相关利益群体共同制定规则和协商共决。这时，强压、强制或指令、指挥等方法在工作中就没有了用武之地，很难奏效，实操手面临的是全新的挑战。

突破五大困境，是发展项目避坑的关键。

发展项目所谓的坑，就是我们在五大困境中可能犯的错。

在讨论如何避坑的时候，清醒理解和面对发展项目五大困境，是今后可能减少"坑"害的前提。因为：

"'最后一公里'困境"告诉我们，存在复杂的"末梢堵塞"现象。主要特征是：（1）帮助对象更边远分散，"急难愁盼"需求更具体多样；（2）因为利益链接更强，群众的参与热情更高；（3）更多的共商共管需求；（4）历史遗留矛盾和源头问题多；（5）更多的工作成本投入；（6）实操手方法能力可能跟不上；等等。因此，发展项目在"最后一公里"面临比较系统性的挑战。

"协商共决困境"告诉我们，实操手面临方法和能力上的巨大挑战。简单粗暴、表面"横"实际"躲"的做法，是绕开源头矛盾和留下后遗症的做法。今后如何推动受益群众协商共决？——不公平公正不行，不平等讲道理不行，不让大家真正信任不行。

"群众参与不足困境"告诉我们，排斥群众参与的做法，很大程度上降低了群众获得感。"躺平"现象正在增多。个别发展项目甚至变成了"花钱买骂"。增加群众参与，是"最后一公里"发展项目的必然选择。

"'中间人'困境"警醒我们，必须改变"中间人主导"模式只对上负责、排斥受益群众参与的做法，这让群众的主人翁精神和内生动力完全没有生长的空间，是迄今发展项目的重大缺陷。

"无序参与困境"提醒我们，若无正确的外部干预，"无序参与"大概率会发生。但这不是否定群众参与的理由。深化群众参与才能破除"投入增加，获得感不增加"的发展项目迷局。强化群众工作，扭转"无序参与"为"有序参与"，才是解决问题的方向。只是，目前实操手还缺乏引导、协助受益群众跨越无序参与困境的能力。

以上发展项目的五大困境，是发展项目在新阶段必须要克服的系统性障碍。如果发展项目不能有效破解这些迷局，在乡村振兴、共同富裕和可持续发展的"最后一公里"决战领域，就很容易踩坑掉坑，止步不前。

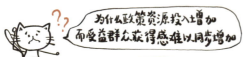

发展项目的迷局

因为五大困境迷雾重重容易坑蒙我们，让我们迷失……

☆ "最后一公里困境"
形成"末梢堵塞"，导致工作难度、工作成本和工作量大幅提高和增加

☆ "群众参与不足困境"
导致"躺平"现象增加，获得感难以提高

☆ "协商共决困境"
导致传统工作方法和能力失效
必须创新深化群众工作方法，提升工作能力

☆ "无序参与困境"
成为否定"群众参与"的高墙，堵死了发展项目改善的机会

☆ "中间人困境"
阻碍排斥受益群众的自主负责精神是深化群众参与的障碍

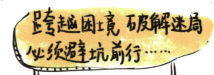

跨越困境 破解迷局
必须避坑前行……

第二章

避坑，实操手可以做什么？

本章提要

◆三大系统性避坑策略

一是必须增加受益群众参与；

二是必须为群众参与提供"专业协助"支持；

三是重树"好"项目标杆，重申发展项目的价值追求。

◆具体操作上，实操手避坑有五招

避坑第1招：以"目标群体主导"远离坑洼区

避坑第2招：以发展项目"五好标准"引领绕坑

避坑第3招：以"专业协助"引导跨越"无序参与困境"

避坑第4招：以"凌波微步"避免触礁

避坑第5招：以"自修"培养避坑"下意识"

◆专业协助者坚持用好三个法宝

协助法宝1：坚持有效赋权目标群体

协助法宝2：坚持磨炼当事者

协助法宝3：坚持提供靠谱的外部支持

发展项目要想系统性避坑，必须做什么事情？

三件最重要的事情：一是增加受益群众参与，二是为群众参与提供"专业协助"支持，三是重树"好"项目标杆，重申发展项目的价值追求。更好的价值追求意思是，发展项目不能简单停留在"搞修建"和"送好处"层面，应负责任地落实政策，履行发展项目社会责任，应注重群众获得感和满意度，应践行价值观而少留后遗症，应追求项目效果的可持续性。否则，就对不起"发展"两个字。

（一）增加受益群众参与，是最有利于避坑的

增加受益群众参与，是提高受益群众获得感的有效办法。因为，有了群众更深入的参与，让群众能够发出声音、表达愿望、参与重大决定，项目设计才更能瞄准目标群体需求，更能够急群众之所急，更能够瞄准目标群体的"急难愁盼"，更能有效解决痛点难点问题。要用瞄准需求和有效解决问题来提高受益群众的获得感。

增加受益群众参与，有利于在解决问题的过程中，强化受益群众的自我负责精神。这涉及发展项目"如何帮助被帮助者"的问题。"中间人主导"模式下，一些中间人可能为了偷懒，喜欢"送鱼"式帮助。但"送鱼"式帮助是一种救济式思维，是"代学生写作业"的做法。"送鱼"者内心的逻辑可能是，我教会你做还不如我代替你做来得简单。而增加受益群众参与，是一种发展式帮助思路。通过被帮助者的参与，激发受益群众的热情和积极性。在"送渔"或"激发内力"式帮助下，被帮助者不仅能自主完成作业，还能在一次次做题的过程中，有胜任做题的喜悦，

有自己能行的自信，有逐渐积累起的能力和对发展项目的拥有感，有最珍贵的自己对自己负责的责任感。

增加受益群众参与，是屏蔽"中间人"陋习的有效办法。受益群众一旦有机会参与，自然会高度关注和守护自己的"蛋糕"，过去监督力度跟不上的局面就会有很大改观，"面子"工程、"政绩"工程更容易受到群众抵制。受益群众一到场，很多"中间人"的"小算盘"就只能销声匿迹，自然绕过了很多坑。

增加受益群众参与，是今后系统性避坑要做的第一件事情，也是避坑效果最显著的事情。考虑到过去一说增加群众参与，就容易被说成是"大家参加了""大家受益了"，为了避免出现"参加就是参与""受益就是参与"等应付托词，这一次我们把

"增加受益群众参与"这件事，表述为"目标群体主导"，作为避坑第一策略。

（二）为群众参与提供"专业协助"支持，避坑效果更显著

避坑第一策略是"目标群体主导"。而"目标群体主导"几乎必然遭遇无序参与困境。比如前面提到过的城市老旧小区，在利用国家补贴联建单元电梯的时候，一楼用户和七八楼用户要实现"抱团""共建"，必须坐下来面对面协商共决，可能出现的"无序博弈"是要面对的难题。必须设法帮助这群很大可能要陷入无序参与困境的人，消除可能产生的戾气，基于共同的利益基础，由衷讲理合作"共商共决"，开展和谐自主"共管共享"。

实践中，一些采用"协助者引领陪伴"的发展项目，就顺利地跨越了无序参与困境，推动目标群体顺利开展资源可持续管理、工程可持续维护管理利用、社区发展基金持续管理等。只是，"协助者引领陪伴"是技术含量很高的工作，所以被叫作提供"专业协助"支持。

建立"协助者引领陪伴"机制，基本的做法是：在大家可能"乱七八糟窝里斗"的时候，有个没有利益牵扯的"协助者"出面维持秩序，提醒大家要商量，要一个一个地说话，确保说的话表达清楚和对别人的话理解清楚，然后换位思考，互相体谅和妥协退让，协助大家找到都接受和愿意共同兑现落实的达成共识的方案，一步一步脱离无序参与。你可能一开始并不相信这种"协助者神话"，且听我们慢慢解释。

在这里，"协助"有两重含义。（1）协助不是主导。协助是帮助、协调和支持"目标群体主导"，而非"中间人主导"或"协助者主导"。（2）协助有专业性。协助目标群体"抱团"实施项目，实现长期"共建共管共享"是专业性很强的工作，绝

非过去中间人简单"搞修建""送好处"完了就走人的做法。协助者是专业的发展工作者，你得会主持讨论，你得会帮助一般群众表达意见，你得会把控节奏，让大家有时间一个一个理解和解决问题。协助者在该教的时候教，该提建议的时候提建议，该退隐的时候退隐。协助者有大家共同认可的专业认知体系和系统的工具、方法，是针对发展项目更细致的专业群众工作者。

协助者如何发挥专业作用，后面章节将有更详细的介绍，这里只强调，协助者是专职"引领陪伴者"，是帮助受益群众跨越无序参与困境的专业人员。协助者有三大基本任务：（1）让受益群众能够"抱团合作行动"；（2）能够摆脱无序参与，进入有序和谐共管；（3）能够形成"平等协商、合作做事"的长期机制。

建立"协助者引领陪伴"机制，为"目标群体主导"提供"专业协助"支持，就是避坑的第二策略。

（三）重树"好"项目标杆，重申发展项目的价值追求

发展项目"坑多雾重"的"雾重"，指迷雾重重。一些似是而非的说法，一些冠冕堂皇的理由，有时候会误导发展项目。例如，有的地方"捞政绩""挣门面"的滥竽充数项目，甚至成了大家追捧的对象，误导更多的发展项目走向泥坑沼泽。

树立发展项目正确的评价观，是系统性避坑的重要措施，可以作为避坑的第三策略。如何具体落实呢？

一是正面倡导发展项目的价值追求。在发展项目"最后一公里"的决胜阶段，针对"发展项目只是搞修建""公益项目就是送好处"等观念误区，必须强调发展项目是有价值追求的。简单说来，发展项目的价值追求有 5 点：（1）坚持政策性；（2）坚持中国特色社会主义核心价值观（以下简称"核心价值

观"）；（3）坚持履行发展项目社会责任；（4）坚持人的发展；（5）坚持促进和谐自主管理。

二是把发展项目的价值追求具体化为可在实际操作和评价中应用的项目评价标准，指导发展项目的评判，期望在评判中把发展项目的价值追求主流化。综合"最后一公里"发展项目的价值追求，好的发展项目应该在 5 个基础价值追求方面有所作为：（1）有没有基本的成效（成效好）；（2）有没有瞄准性（瞄准好）；（3）有没有深化群众参与（参与好）；（4）有没有社会公平性改善（社会公平性好）；（5）有没有可持续性（可持续性好）。

发展项目的价值追求

发展项目为实现政策目标而生，必须坚持基本的价值追求：

（1）坚持政策性。依据政策目标采取行动，帮助政策规定要帮助的人，做有利于政策落实的事，追求提高目标群体的获得感和满意度。

（2）坚持核心价值观。用"公家"资源武装起来的发展项目，践行核心价值观是天然的任务。做践行核心价值观的主力军，在具体项目行动中坚持公正做事、公平受益、协商共管共治、推进有效群众监督等。

（3）坚持履行发展项目社会责任。连一般企业都要强调履行企业社会责任，发展项目更应该强调履行社会责任。每个具体的发展项目都要对是否落实政策性，是否瞄准了目标群体，是否瞄准了目标群体的需求，是否通过项目实施帮助了当地最困难群众，是否改善了当地社会公平性，是否留下在地后遗症，是否改善了当地干群关系等问题进行自问自评和自行改善，以摆脱简单"搞修建"和留下一堆后遗症的不负责任做法。

（4）坚持人的发展；（5）坚持促进和谐自主管理。"搞修建"只是发展项目的部分任务。发展项目在搞好修建的同时，还要注重人的发展，提高在地可持续发展能力，坚持共用设施的持续和谐管理利用，激发目标群体"内生动力"，促进当地"和谐共管共治"等，是更重要的工作，是更深化和更有效的群众工作。

在评价发展项目的时候，从易理解、易接受和易操作的角度，把发展项目的价值追求细化为发展项目的"五好标准"，即"成效好""瞄准好""参与好""社会公平性好"和"可持续性好"。

第二节　实操手的避坑"招数"

对于实际操作来说，在三大避坑策略之外，还得注意：（1）对坑有敏感性，能提前感知，能绕行或"逃跑"；（2）为增加对坑的敏感性，还得强化自身修炼，强化避坑意识。

这实际上构成了"实操手避坑五招"。

以下是详细介绍。

（一）以"目标群体主导"远离坑洼区（避坑第1招）

据说人性有一个特点：自己最关心自己的事情。

在中间人主导时被排斥、被边缘化的受益群众，一旦有机会更多地知情、更多地发出声音、更多地监督甚至更多地参与自身利益攸关的决定，他们是不是会变得更踊跃、更积极和更操心？

实践中发现，深化受益群众的参与，或把车道从"中间人主导"改换为"目标群体主导"，将带来三个明显变化：

一是受益群众的态度剧烈变化。"搭便车人"可能变成"主导人"，变成发展项目的"守护人"，变成担心项目失败的"操心人"。

二是发展项目的避坑效果明显改善。中间人主导时，中间人往往不着急，项目踩了坑，可能正好有利于中间人打"小算盘"。换成目标群体主导，自己操心自己的事情，如果踩坑就是自己吃亏。因此，受益群众必然自己高度关注，不让发展项目踩坑。踩不踩坑过去很少有人关心，现在是大家的大事。一旦受益群众高度关注和监督，很多坑就没有出现的机会或者可以被绕过。

三是有利于"基层治理改善"。大家虽然都是受益群众，实际上在受益和成本分摊方面是很难均衡一致的。一方面大家必须合作行动以共同受益；另一方面大家受益程度和态度又不完全相同，就像联建单元电梯时的一、二楼和七、八楼住户一样，其态度和积极性有明显差异。而"共同主导"只能"协商共决"，磨合好了才能"和谐共管共享"，磨合不好就会共同失去发展项目带来的好处。在发展项目以无偿资金和配备专职协助者支持的情况下，在共同利益的驱使下，在跨越"无序参与"鸿沟后，大家都接受的方案是能够找到的，大家和谐共管是能够做到的，慢慢就能养成"讲道理""换位思考""互帮互让"等和谐共治习惯了。

这三个改变为走出发展项目的迷局打下坚实基础，因为，"中间人主导""中间人做事管事"已经转变成"受益群众主导""受益群众为自己做事管事"了。

1.改变项目受益者弱势地位的三种做法

在"资源方出钱，实操手操办，目标群体受益"模式中，目标群体容易处于非常弱势的地位。

弱势，指对资源控制和使用插不上手，对容易出问题的地方没有机会监督，对可以做什么和不能做什么发不出自己的声音。这让项目坑有更多机会作祟。我们把这种状况叫作受益群众"简单参加"项目。"简单参加"就是目标群体作为受益者简单得到好处。这是一种容易踩坑、应该改变的状态。

如何改？强化目标群体的参与，激发目标群体的天性和力量，让目标群体更多、更有效地发挥作用，用守护自己切实利益的合作行动把坑填平或化于无形。

怎么做？有三种可供选择的做法：

一是扩大目标群体的知情权。要让目标群体知情就要做到信息公开：让群众能了解更多信息，有专家到群众中去调查群众的需求和想法，让群众知晓更多的政策和资金信息，等等。和目标群体简单参加相比，扩大知情权可以让一些项目风险被排除，让群众更喜欢项目做的事情，让一些暗箱操作变得不可能，等等。知情本质上是强化监督，是向"暗箱操作"宣战，是让"瞄不准需求""做事与当地群众关系不大"等现象"走开"。有更多知情权的群众常常有这样的感觉："有一些政策情况我们知道""有一些资金安排我们知道""有人来调查了解过我们的需求和我们对项目的想法"，等等。

二是保障目标群体监督权。监督是目标群体在知情的基础上，有机会观察和了解关键环节和关键事务，如关键物资采购、工程招标、工程监理等，有机会发出声音和投诉，有机会排除工程质量坑、资金跑冒滴漏坑，增加获得感。监督是比知情更深化的群众参与。有更多知情权和监督权后，群众的感觉常常是："如果不满意我们就可以投诉""我们派代表参加了采购招标和物资分发""我们可以发出质疑的声音""采购发票没有群众代表签字他们就不能报账"，等等。

三是授权目标群体集体掌控项目资金。这是关键性的一步，是群众最想要的"目标群体主导"：受益者不仅能知情、能监督和发出自己的声音，也有决定权和资源控制权。如果说，知情和监督是别人设计项目，群众更多参与项目的话，"目标群体主导"就是群众自己主导设计实施项目，因而目标群体更有对项目的拥有感，更积极主动，更有自我负责的主动性。关键的关键是，"目标群体主导"是大家共同主导，大家共同主导就只能"协商共决共建共管共享"。因为，大家不是上下级关系，没人有服务的义务，而所有人都"搭便车"这事情就肯定办不成。"协商共决共建共管共享"是一群共同利益者必须合作完成的天然任务。这话有点拗口。简单地说就是，大家都要从发展项目中受益，就必须合作行动，学会讲道理、商量，按照共同接受的规则行事，共同维护和管理，共同分摊可能的管理成本，才可能持久地共同受益。"目标群体主导"最大限度地增加了发展项目的效益。比如，大家的拥有感和获得感会明显增加："项目是我们的，我们说了算""我们可以决定资金资源如何使用""我们决定谁在管委会带领大家向前走""我们决定收益的分配以及成本的分摊""我们自己肩负起帮助一些弱势成员和保护环境的责任""管理小组要定期向受益者大会汇报""涉及资源决策、规章制度确定、人员更替、修改管理原则等大事情，都由群众大会决定"。显然，"目标群体主导"是在自上而下的领导、政策、资源支持下，一群共同受益者或当事者的平等合作和共管共享。

和受益群众"简单参加"相比，"目标群体知情""目标群体监督"和"目标群体主导"是改变受益者弱势地位的有效做法。而且，从"知情"到"监督"再到"主导"，是一个受益群众明显摆脱弱势地位的过程。

2. "目标群体主导"实质上是"治理培训班"

"目标群体主导"实质上是"治理培训班"。这不是推理，而是发现。

其实，这很容易理解。

目标群体不是一个人，而是需求不同、风格迥异的一大群人，是一群期望共同受益的人，或渴望解决共同问题的人。好不容易得到发展项目的无偿资金支持，又被授予了项目的自主经管权，他们会怎么做？

他们会被要求，在大致的项目框架和一定的时间内，共同商议，共同决定，共同行动。当然与此同时，实操手和干部将提供相关协助支持。

一群受益群众在商议选择做什么的时候，想法肯定是多种多样的。麻烦在于，如何收拢想法、达成共识？毕竟不能简单地说，每个人说的都对，大家想做的事情我们都做。资源是有限的，只能集中资源做大家而不是某个人当前最想做的事情。而且，这个凝聚共识的过程必须遵守共同协商、讲道理、换位思考等行为准则的要求。

一方面，大家被赋予的主体地位激发出参与积极性、项目拥有感和主人翁精神；另一方面，大家被共同的利益连接成共同体（因为不能共同受益就可能共同失去项目）。因此，大家必须把各自的想法表达清楚，必须用共同接受的标准来比较、筛选不同想法，必须在达成共识的基础上做出决定和共同行动。这种经过群众争论、磨合、换位思考、妥协互谅后达成一致意见的做法，就是参与式，也可以叫作受益群众的协商民主。

参与式把传统的"搞修建""送好处"项目变成了"共建共管共享"机制，变成了人的发展，变成了良好行为方式的培养，变成了对社会风气潜移默化的改善。

一个发展项目中，需要受益群众共同参与、协商共决的事情非常多。如：

发展项目的资金具体用于什么方面？

如何公平分摊成本和公平受益？

具体的扶贫责任如何体现？

怎样做才是公平公正？

项目资金不够怎么办？

工程设施怎样维护、管理和使用？

大家如何分工合作？

村规民约的具体条款怎么定？

⋯⋯⋯⋯⋯

很多关键事项，受益群众共同体不反复协商，就不能贸然集体行动。

你发现没有？这就是在对群众进行培训，是参与式培训，也是"治理改善"培训。"目标群体主导"实质上把发展项目变成了一个"治理培训班"。

如果有足够数量的发展项目都采用"目标群体主导"，如果很多群众和干部在"目标群体主导"中被反复地培训，必将给基层治理格局带来较大的改善。

3. "目标群体主导"是半数以上坑的天敌

最珍惜项目机会的人会最认真地避坑。

发展项目一旦踩坑，最吃亏的人往往是基层的群众，是发展资源传递最薄弱的"最后一公里"的目标对象，他们容易在反复的踩坑里反复吃亏。

因此，一旦有机会，他们就会为避免吃亏而专心致志，开展真正有效的监督，让一些可能损害他们利益的不良现象难以发生。

这让发展项目更聚焦于难点痛点问题。发展项目做大家不喜欢事情的可能性被极大消除，发展项目瞄不准被帮助对象、瞄不准需求的坑也就自然消失了。

增强对项目的拥有感后，变成自己的事情自己管，大家更主动积极关注建设设施的持续维护，"忽视可持续性"很难发生，又可以少踩一个坑。

协商共决的做法、基于共识的集体行动等，让"政绩借口""面子工程"等坑式做法成为受益群众的笑料，又能少踩更多的坑。

目标群体有机会知情、发出声音和参与监督，"社会排斥""暗箱操作"等坑就没有了出现的机会。

可以说，"目标群体主导"是牛鼻子。一旦目标群体能够主导，群众就不会被信息封锁，不再懵懵懂懂，而是高度警惕和心明眼亮，发现坑就能及时指出、主动阻止。

如同"破窗效应"，一个坑出现后如果无人理睬，无人主动排除，就会出现更多的坑。"目标群体主导"能让最担心踩坑吃亏的人，有机会、有责任、有权利"吹口哨"、发出声音，可以说是发展项目避坑的必要措施。开展"目标群体主导"，可能让半数以上的坑没有出现的机会。

4."目标群体主导"的"共治"效果，有利于系统性避坑

有证据表明，持续的"目标群体主导"，有改善基层治理的作用。

"目标群体主导"推动改善基层治理的过程，有点像三级跳。

第1级跳——以"主导"激发真参与

"主导"激发了受益群众的积极性和参与动力，实现了真参与，不会出现"演戏"状态。

在一些群众心里，很多项目可能只是为外边的人做"政绩"的，自己只是顺便得点好处，所以他们的心态是"陪你演戏"。

能自己主导后，演戏心态变成"我要做事"，"国家和社会对我好，我要做好才对得起人"。

这时深入群众，你会看见一个生动真实的参与和变化过程，一个触及真心的磨合过程。

第 2 级跳——以"群众协商决定"牵引治理改善

"目标群体主导"的前提是"受益者协商共同行动"。

这是要求一群身份平等的人，要一起商量着合作行动。

启动"目标群体主导"，是一个慢过程。慢过程能生长出真发展，因为发展项目不再只管"修建"、只管"硬件"，而是既要建好硬件，还要公正和谐地实现"大家的事情大家办"。大家必须一起坐下来，讨论各种不得不共同面对的难题，如利益分享问题、成本分摊问题、持久管理利用问题，等等。

如果这时协助者技能娴熟，群众处理难点问题的过程，就是一个讲道理、讲公平公正、提倡换位思考和建立互助互谅习惯的过程，也是一个结合具体事件践行核心价值观的过程。这是一次具体的改善治理行动。

这种治理改善，在开始时起效是缓慢的。和简单化的"快"相比，"慢"得到的好处是大家的思想疑问得到了解决，后遗症少。大家共同商量出来的方案，不一定是最好的，却是大家接受和同意的，是大家都愿意的。

以我们的经验，这么多年被反复强调的"快"，可能是一个积累戾气、把群众推向一盘散沙的过程。而"目标群体主导"的"慢"，可能是一个弱化戾气、凝聚群众的过程。

第 3 级跳——以反复多次治理改善、倡导、推动在地风气变化

观察几个反复开展"目标群体主导"的社区，有三个方面变

化比较明显。

一是干部、群众都变得好商量、讲道理、意见更有建设性。这是行为方式的变化。"目标群体主导"所启动的群众协商共决，一般对在地的行为方式有明显的影响。是啊，讲道理的习惯已经养成，谁蛮横不讲道理，是要被大家小瞧的。

二是大家更习惯公开透明。搞过几轮公开透明的流程后，公开透明就变成自证清白的基本方法。谁拒绝透明，谁就有想搞暗箱操作的嫌疑。"排斥弱势"成为不光彩的行为，公正更多地被提及，干群关系改善明显。这是社会风气的变化。

三是持续和谐管理成为日常。处理利益等敏感问题时，更能做到公正公平，更能让大家接受；面对恶劣的挑战，更能干群团结，共同应对。例如，面对破坏草场的个别极端行为，干部和群众能够团结一心，共同抵制。据说，过去发生类似情况时，只有主要干部出面去干涉。这是我们亲眼所见的在地治理能力有效提升与改善的一个证据。

总结下来，"目标群体主导"的真参与、共协商，不仅带动了改善治理效果，也在改善干群行为方式、倡导社会风气方面产生深远的社区影响，有克服、缓解、消除"在地戾气"的持续效果，有利于改善社会公正、增进社区和谐、提升在地治理能力的综合效果，有利于提前消除很多造坑机会（如暗箱操作），有利于系统性避坑。

5. "目标群体主导"也要注意因地制宜

凡事不能绝对。"目标群体主导"如果搞得不好，也可能逃出了旧坑，却跌入新坑。这是值得警惕的。

推动以"目标群体主导"避坑，应注意以下几点：

应用范围有限制

"目标群体主导"适用于受益群众（多元利益相关方）合作

共建的事情。

在把政策优惠和服务改善传递给人民群众的"最后一公里"，很多涉及民生的发展项目，是可以推广应用"目标群体主导"模式的。如瞄准群众疾苦的民生工程、小微工程、扶贫项目、公共事务管理、自然资源保护与管理、社区文化活动，居民小区改善服务、居民小区自治管理等。

但是要注意，目标群体、受益群体或服务对象，不是一个行政化概念，而是项目、工程或某项公共管理内容（如治安）涉及的利益相关人。大家不存在上下级关系，但相互有利益关联，因而须以共商共决的方式，合作解决自己的问题。

这是一个当事者协商合作解决问题的方法，不适用需要强制性解决的问题。

应用条件有限制

首先，群众矛盾严重的地方，很难采用这套方法。这是一套提前介入、提前和谐化解矛盾的工作方法。群众关系已经严重对立的地方，很难讲道理，成功的希望渺茫。

其次，要注意方法和能力相匹配。从"目标群体知情"，到"目标群体监督"，再到"目标群体主导"，从方法上来讲，技术难度是逐渐增加的，其学习和掌握是一个循序渐进的过程，只能根据相关方的接受程度有序推进。可以"先易后难"，也可以"先慢后快"。切忌"生手快推"，反让人家说方法不行。这里的"生手"指没有接受参与式理念，没有熟练掌握协助方法与技能的人。

最后，最怕任由目标群体"自生自灭"。"目标群体主导"是一个启动后还得不断支持的过程。受益群众很难在"主导"的开端就公正公平、共商共决，让项目顺利成长发展。专业协助者的陪伴支持必不可少。以低成本"生手"来收获目标群体的"共建共管共享共治",有点贪心,是碰运气的侥幸心理。

(二)以发展项目"五好标准"引领绕坑(避坑第2招)

缺乏好项目标准的引领,也是一些发展项目容易踩坑的原因。

因此,在警惕坑、识别坑、防踩坑的同时,设立"好项目"标准,引领发展项目绕坑前行,也是避坑的有效办法。

只是要注意,这个"好项目"标准不是为了"最正确""最完美"和"最完整",而是为了能避坑,为了守底线,为了方便操作而设计的。

从更好避坑的角度,我们建议广泛采用"目标群体主导"的做法。注意,"目标群体主导"只是参与方式的一种,参与有受益群众"知情""监督"和"主导"三种选择,"目标群体主导"其实是最高阶的参与。发展项目必须处理好目标群体的参与问题。每个项目都必须明确:受益群众有没有必要知道更多的信息?受益群众是不是可以直接参与监督?在哪些方面让群众参与决策有利于更好地实现政策目标?

从守底线的角度,我们强调发展项目要贯彻落实发展政策。那就是瞄准要帮助的人及其需求;要能做事、做实事、做成事;做事情要讲究公平公正;做的事情要有持续性,不是今天搞个事,吹一个大泡泡,但是明天就没了。你不要说没有精力处理与发展政策有关的事情,你不要问社会公平、和谐发展与项目有何关系。在市场竞争性企业都要阐明自己的社会责任的时代,发展项目难道不应该阐明和履行"发展项目社会责任"吗?政策性和社会公平性是发展项目绕不过的坎。发展项目如果不能自证履行了政策性和社会公平性,那就把"发展"两字去掉,那就去另找资金资源吧,因为国家无偿资金和社会捐赠资金的灵魂就是政策性、公益性和社会公平性。

从方便操作的角度，为了目标群体和实操手（协助者）容易学习和掌握，我们反复筛选和合并压缩各种可能的依据，归并成5个所有人都容易使用的"好项目"评价标准，称其为发展项目"五好标准"。一是"成效"好，二是"瞄准"好，三是"参与"好，四是"社会公平性"好，五是"可持续性"好。把"五好标准"作为评判发展项目的基本底线，不是为了评说谁好谁不好，而是要守住发展项目的基本底线，不让发展项目那么容易地就被别人带到坑里去，也可以让用有违价值观的"带病"项目误导实操手的事情更不容易发生。

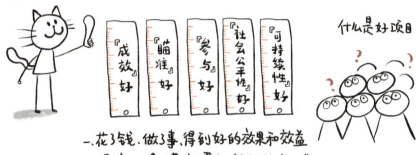

说明一下，这个"五好标准"只是一个启发性、倡导性标准，并不完美，今后还要继续完善；你也可以因地制宜地增删，为你所用。一切为了发展项目避坑。

1.发展项目追求"成效"好

何谓成效？一是成果，二是效果。

成果就是完成了预先设想的基本任务。主要是硬件建设与提供服务的任务。计划修路，修成了路；计划修桥，修成了桥。培训班收了学员，开了班上了课。助老或流动儿童教育改善等，计划要做的事情是完成了的。成果就是完成了计划要做的事情。

效果则是指成果要有用。修建的道路是可以通行的，桥是可以使用的。修建的工程设施是可以使用并发挥作用的，培训传授的知识对受训者是有用的，所提供的服务是服务对象需要的。效果更多是修建成果的功能发挥。

本来，"成效"是可以作为评价发展项目关键尺度的。只是，在"成效"之后，一些问题的产生，让我们难以只按照"成效"来评价发展项目的质量水平。

例如，一个修建得很好的村头舞台从来不被使用，被群众诟病。一个奖学金评选被认为有暗箱操作，不公平。这时，你很难用"成效"来评价一个发展项目。有的项目，有的人得到很多，有的人一直被排斥而得不到，这是国家政策和社会道义所不允许的。

怎么办？

可以把"成效"作为基本要求。没有"成效"的项目，没有资格作为好的发展项目。

做到"成效"好，是发展项目的第 1 个标准，也是底线要求。

否则，没有说"好项目"的资格。

2.发展项目追求"瞄准"好

"瞄准"好有三个判据：

一是瞄准了项目目标。瞄得准具体目标的项目，才可能是好项目。

二是瞄准了要帮助的人。帮对人的项目，才敢说是好项目。

三是瞄准了被帮助者的需求。你帮的忙是被帮助者需要的，才有点好项目的样子。

每个发展项目都有基于其政策目标的具体项目目标，如在某地改善或解决某一个具体问题。瞄准项目目标的意思是，项目计划和实际所做的事情，是奔着项目目标去的。项目的设计、实施和管理是围绕一开始就设置的项目目标的。而不是生态保护的项目变成了办企业闯市场的项目，扶贫项目排斥了最贫困最困难户，跑题太远。要拒绝表面上"喜大普奔"，实际上又偏离项目目标的项目，不能让这种项目成为发展项目的排头兵。

瞄准要帮助的人，指发展项目帮助了政策规定要帮助的人。以国家扶贫为例，无偿扶贫资金主要用于让最贫困户受益。同样，救灾资金要能真正用于灾民。社会捐赠资金要按照和捐赠人商议好的对象和方向使用等。最忌把帮助最底层人民的珍贵资源，挪用于帮助相对富裕阶层。帮错对象，而且是违背政策的私相授受，是发展项目最忌讳的错误。

如果你的帮忙不是目标群体所需求的，那就是白帮忙，帮白忙。有的人做事只管自己方便，不管被帮助者的需要。明明大家最想解决干旱问题，他要找种种理由修建一个图书馆。如果帮忙的人只管"自嗨"，只去做自己喜欢做的事情，对被帮助的人用处有多大？你是"施舍"了，而群众只是配合，那其实是群众用配合来"施舍"你，不是吗？

发展项目"瞄准"好，就可能减少排斥目标群体的现象。这是民生类发展项目无论如何也不能丢的底线。因此，我们把"瞄准"好作为评价发展项目优劣的第 2 个好项目标准。

3.发展项目追求"参与"好

"参与"是发展项目的牛鼻子。

和不推行"参与"的发展项目相比，"参与"至少带来三大好处。

一是"参与"有巨大的避坑效果。只要增加受益群众的参与机会，发展项目的好多弊端就可能烟消云散。因为只要群众一参与，一出现在关键场合，很多乱七八糟的事情就可能被屏蔽，这是屡试不爽的。在真正的受益群众代表参与资金安排的时候，权力寻租者就可能神情紧张，随时准备开溜，发展项目的社会公平性和可持续性，就有机会得到更好的改善。如果让受益群众代表监督物资采购和项目招标，花冤枉钱买残次品的可能性就大幅度降低。"参与"是半数以上坑的"天敌"。

二是"参与"能明显增加获得感和认同感。更好地参与，让发展项目更能聚焦和瞄准难点和痛点问题，更能吸引大家做大家最感兴趣的事情，做的事情可能更有效和实惠，对获得感和认同感的改善效果更明显，一般满意度会更高。

三是"参与"对"共治"能力有巨大贡献。推动"参与"实质上是启动"项目治理改善"。"目标群体知情"是要吸引群众参加，让群众的眼光成为改善的压力。"目标群体监督"是让群众在面对"社会排斥"和"暗箱操作"等违背价值观的做法时，有机会发出声音，警醒有的事情应该改变、改善。"目标群体主导"是赋权赋能群众，让其对涉及自己切身利益的关键决策，有自主负责的机会。这个机会，也是建立主体意识和激发内生动力的机会。

但是，"参与"是迄今发展项目的短板。

一些把发展项目看成是"送好处"和"送工程"的做法，一些带有施舍味道的做法，让一些受益群众"躺平"。什么是"躺平"？就是"干部干、群众看"，就是有群众到林业部门反映"你们在我们地里种的树死了"，就是有群众到扶贫部门反映"你们的羊死了"。就是帮扶干部努力在贫困户家打扫卫生，而贫困户却无动于衷在旁边玩——如果这一家卫生不合格，挨批评的是帮扶干部。至少在一些地方，缺乏参与和简单送好处的做法，导致"容易得到就不珍惜"，有"群众不急干部急"的主客易位现象。这种"躺平"现象肯定背离了发展项目的初衷。

因此，我们把"参与"好作为评价发展项目优劣的第3个好项目标准：有"参与"比没有"参与"好；"目标群体知情"是好，"目标群体监督"是更好，"目标群体主导"是最好。

4.发展项目追求"社会公平性"好

发展项目缺乏社会公平性的后果很严重。

如果说，"参与"是发展项目提升目标群体热情、积极性和满足感的积极因素，那么"感觉不公"则是带来负面情绪的因素。"不患寡而患不均"这句话的意思是，感觉不公平就降低了获得感。

发展项目不是追求平均，而是追求公正公平，通过改善社会公平性化解负面情绪，不让已经赢得的获得感化于无形，不让"躺平"成为提高主体意识和激发内生动力的拦路虎。

改善社会公平性，能够明显而具体地消除群众可能产生的不满。那种没有原则的"有人得很多，有人得不到"，是不满情绪的起源。那种不讲道理的"有人负担重，有人不负担"，容易让人对国家发展援助和社会慈善的善意无端抱怨。公正公平的做法，才可能让发展项目更好地惠及人民群众、团结凝聚人民群众。

改善社会公平性，能够让发展项目更多地贡献于和谐社会建设。设想一下，如果项目做事不公平，不提倡讲道理，就会解决不好现实矛盾，留下积怨，加剧干群矛盾，破坏和谐社会建设。不仅做不到从源头化解矛盾，还会留下更多后遗症，逐渐积累戾气。反过来，如果在处理具体问题的过程中，通过公开透明讲道理，培养讲道理的习惯，压制歪风邪气，增大违规成本，就能逐渐建立起当地的和谐管理机制，有利于树立公正和谐的社会风气。

在改善社会公平性方面，迄今还有很多人觉得无从下手。

社会公平作为价值观，大家是理解和支持的。但在发展项目操作层面如何践行呢？这里提出发展项目落实社会公平性的 5 条具体路径：

（1）**关注和帮助弱势群体**。基于发展项目的政策性和公益性，应尽可能帮助相对弱势群体。无论你有没有扶困助弱的具体任务，对弱的能拉就拉一把，最好是一个都不能少。关注和帮助弱势群体是社会公正公平的重要内容。发展项目起源于发展政策，发展政策起源于追求社会公正公平，发展项目向社会公正公平致敬是天经地义的，以关注和帮助弱势群体来践行社会公平公正是一种天然责任。

（2）**关注公平受益**。公平受益不是平均受益。项目效益的分配应依据政策性和公益性要求以及当地的条件来安排。但是要明白，受益不公平现象肯定会降低很多人的获得感。不该得的人得了，大家要骂。该得的人没有得，大家要怨。一些人不正常地受益很多，一些人不正常地受益极少，增加的获得感和降低的获得感在效果上可能就被抵消了。

（3）**关注成本的公平分摊**。大家有合理分摊成本的要求，如果有人不接受过多的成本付出，就需要酌情解决，需要大家商议。不要让人觉得付出多少成本是看运气。同时注意，合理的成本分摊有利于建立集体拥有感。

（4）**坚持程序公正**。例如，在公平分摊成本很难的时候，做不到大致均分的时候，可以用随机抽签的办法来解决。对结果难以公正公平的矛盾，用程序公正的做法，大家更能接受，至少能减少部分群众的怨气。

（5）**坚持公开透明**。坚持让大家知晓和了解情况，无论是问题、困难还是风险。在大家都知晓真实情况的基础上讲道理，养成讲道理的习惯，社区的歪风邪气就会收敛一点，违规成本就变得更大，项目就好实施一些。

发展项目如果在以上 5 方面都有所作为，在社会公正公平方面必将有所改善，也能少踩一些坑。因此，我们把"社会公平性"好作为评价发展项目优劣的第 4 个标准。

5.发展项目追求"可持续性"好

修建短命硬件设施的项目肯定不是好项目。

修建起硬件设施，但缺乏持续利用和维护管理机制，那么过一段时间就和没修建是一样的效果了。

缺乏自然资源可持续管理机制的，环境持续管理机制若有若无的，社区组织建起就瘫痪的，等等，都是发展项目在"可持续性"方面的缺陷。

项目的可持续性差，是一种病。

该病的恶果，一是资源浪费。宝贵的无偿资源被浪费，有的还要招致抱怨，留下难以断根的伤口，让一些干部难以抬头做人。二是伤群众的心。把发展项目变成花钱买伤心，失去群众的信任。

最不好的事情是，一些可持续性差的项目喜欢提前吹牛。规划阶段就吹得天花乱坠，修建阶段就好像已经站在云端了。可惜好景不长，留下烂摊子。于是，有的人"打一枪换一个地方"，继续"以吹为美"，误导其他项目与媒体舆论，造成恶劣影响。

我们把可持续性好作为评价发展项目的第 5 个好项目标准，是倡导发展项目追求可持续性。实际上，工程设施的可持续利用管理机制，是和谐管理的一部分，是共治能力建设的一部分，是增加项目效益的一部分，是提升获得感的一部分。因而，也必须是衡量和评价项目优劣的关键指标。

发展项目如果向"五好标准"看齐，肯定能降低踩坑的可能性，发展项目的政策性和公益性也更有保障。

（三）以"专业协助"引导跨越"无序参与困境"（避坑第3招）

"目标群体主导"也不是一蹴而就的。因为，横亘在群众参与面前，有一道单靠群众自己难以逾越的鸿沟——"无序参与困境"。为群众参与提供专业协助支持，是跨越这道鸿沟的有效办法。

1.首先要承认"无序参与困境"

什么是群众"无序参与困境"？

一群既有理智又有偏见、既进取又想搭便车的群众，要一起合作共商共治，是非常困难的。因为，一群地位相同的利益相关者凑在一起，容易陷入无序争吵，很容易让群众参与变成一聚就乱、一碰就散、一主导就乱七八糟的情况。这就叫作群众的"无序参与困境"。很明显，群众自发有序主导的可能性极低，"有序抱团共建"不是大家天然就具备的本事。况且，在此之前，大家也基本没有机会学习和锻炼如何"抱团主导"。

表达不清楚，充满误解，不会讨论，东一榔头西一棒子地跑题，大家齐头并进地抱怨，忍不住吵架，锣齐鼓不齐，拍桌子骂人等现象，在深化群众参与的时候，不是必然都发生，但也很少不发生。没有人协调、主持和维持秩序，大家很容易变成"乌合之众"。这也是一些人拒绝和排斥群众参与和主持发展项目和社会管理的理由。

"无序参与困境"既是受益群众的困境，也是政策方、资源方和发展工作者（实操手、协助者）的困境。不让群众深度参与，就难以避开瞄不准需求、权力寻租、暗箱操作、社会公平性差、项目可持续性差、群众获得感低等一大堆低级"项目坑"。

好在，有一种"陪伴式发展"的路径出现。由专业发展工作者引导、指导和推动群众有序磨合，在实践中学习、锻炼和提高能力，协助和陪伴目标群体逐渐学会共商、共决和共同行动。让大家共同跨越"无序参与困境"而集体"成龙"。

"陪伴式发展"采取了一种更细致、更能连接群众的工作方式，叫"参与式发展"。这个协助目标群体跨越"无序参与困境"的人叫协助者。

2.协助者是扭转"无序参与困境"的人

协助者，也叫协调者，facilitator 是国际通行的叫法。

可以把协助者看成一个群众参与过程的主持协调人，一个采取"陪伴式"工作方法的发展工作者。协助者是一个专业含金量很高的角色，是很多发展项目需要的人才支援，说不定是今后扩大年轻人就业的一个方向，也可能成为培养社会骨干的重要领域。

协助者不是领导，而是引导者、帮助者。群众参与过程中，群众才是领导。因为，群众主导是指群众在掌控资源和决定谁出来为大家服务。例如，要引导和推动建立工程设施持续使用与维护管理机制，维护资金是大家出，谁来维护是大家共同决定的，大家是决定者，大家都是领导。但是建立持续维护管理机制并不容易，很多地方做不起来。因为刚开始时，大家一般还不会平等协商讨论，还可能漏做一些事情，容易把好事做成烂事。如果有协助者的支持，有协助者引导、主持和协调一下，就不太容易犯错了，"大家一凑在一起合作做事情，就扯东扯西把事情做烂"的情况就很难再出现。有真正自主权的受益群众，必须经历最初的不会"共同协商、共同决定和共治共享"的时期。最初的合作做成事、树立信心何其重要，渡过最早的难关，群众共治才能走上蓬勃发展的康庄大道。

协助者是提醒者和提问者。有经验的协助者，会提醒我们应该怎么做，哪些事情必须做，哪些事情先做和哪些事情后做。以工程维护为例，协助者会及时提问：如果不进行维护会发生什么事情？如何防范设施设备今后变成不可利用？有哪些维护措施和办法？需不需要专人来维护？维护成本从哪里来？如何公平受益？如何监督？如果有人为破坏怎么办？需不需要建立村规民约？等等。协助者通过提问，指导大家面对问题，研究问题，处理问题，一步步前行。在协助者的追问下，大家"边干、边学、边研究、边成长"。这是一种体验式学习，有利益收获的学习，富有成就感的学习。因为，协助者只是提出、提醒一些问题，只是协助大家一起确定解决问题的原则，具体怎么做、怎么更有效，解决办法是大家一起商量"共创"出来，一起实施完成的，功劳和拥有感是大家的。这是一个逐渐形成主体意识和"共管共治"能力的过程。

在刚开始讨论的时候，协助者有点像主持人。有时候在维护讨论秩序，有时候在"翻译"、转述对话内容，有时候在关注角落里不敢发言的人，用种种办法让大家听懂别人说了什么、说清楚自己想说的，让沟通交流更加顺畅深入，让大家的思考和决定有更长远的追求。

对有的问题，如社区自组织如何运作，协助者可以根据情况及时提供培训、咨询和指导帮助。注意，这是指如何共同做事，如何共管共治自组织，如何多方合作管理公共事务／共同事务。这时候，协助者是培训者、咨询者、指导者。

对实际技术问题，如农村实用技术、灾后重建心理辅导等纯专业技术，在有需要的时候，协助者可以协调外部技术专家支持。在利益相关群体开展共治、有需要的时候，协助者可以协调社会与政府支持。这时候，协助者是协调者。

很明显，协助者是多个角色的混合，是引导者、指导者、培训者、咨询者和协调者。在需要的时候及时出现，是及时帮助者。在不需要的时候，协助者就静默，不影响目标群体自主决策和自力前行。这时协助者更像一个陪伴者，一切为了目标群体的成长，让目标群体不但成长，还具有主体意识与主人翁精神。

协助者是扭转群众"无序参与困境"的人，肩负把可能的"无序参与"改善为"有序参与"的使命。通过协助和协调，把群众自发参与的过程，改善为"边干、边学、边成长"和走向"共治"的过程。通过协助与陪伴，让大家实现有序参与，有自信地增加能力，摆脱"无序参与困境"。

3.破茧成蝶：从实操手转变为协助者

从传统项目到参与式项目，为了避免项目掉坑，为了克服群众参与可能出现的无序混乱，必须强化对群众参与的协助支持。实操手原来的工作思路方法也应该转化为协助者思路方法，把群众参与从可能的纠纷中引导出来。这时，要鼓励实操手转化为协助者。这是一次华丽转身，然而要破茧才能成蝶。

协助是个技术活。从实操手到协助者，并不容易。有些人还要经历反复自我否定和思想磨合的过程。

实操手破茧成蝶转变为协助者，要注意从以下几方面变身：

一是角色发生变化。相对而言，过去实操手有点像领导，因为是实操手在决定发展项目资金资源的具体安排。现在，实操手从主导者转变为协助者、陪伴者，其中有些人可能对主导权旁落还不习惯，忍不住把一些权力抓在手上，搞以前那一套。有一个参与式扶贫项目，协助者坚持用援助资金修建自己喜欢的水坝，牢牢把控着物资采购权。他强调必须要对工程水泥质量负责，因为容易出问题。结果是，他自己很"嗨"，群众则远远地看，没有了"边干边学边成长"的过程，"目标群体主导"变成不可能。他也再次用实例向我们展现了，很多地方为什么发生"干部干、群众看"的现象。

二是工作方法发生变化。不是以修建为主，不是找人做好一个工程就行了，而是通过群众参与和主导工程建设，让大家一起合作做事，在做事的过程中形成共建共管机制和共治能力。对社会发展与治理改善而言，推动大家磨合、合作，比工程修建更重要。因为这是推动人的发展的长久之计，让大家不光关注建设，也关注持续使用、长期维护与管理，学会集体共同行动，学会和谐开展社区事务管理等。让大家不仅能享受所建工程设施带来的好处，也能学会和谐共管共治，成为和谐社会的优秀成员。

一个受益群众主导的项目建设，该如何协助？首先，协助者是明白人，但是不直接做，不具体做，而是用提问引导的方式，推动目标群体去做。具体可以如何做？协助者知道但不直接说，而是提醒群众先考虑原则，先考虑策略，再鼓励群众自己去设计方案，自己去分析处理可能遇到的问题。从实操手"我要做""我主导做"，转变为协助者的引导、提问、鼓励，推动当事者"自己感觉到应该这样做""自己决定了要这样做"。

三是工作节奏发生变化。群众参与，一定是一个大家一起磨合的过程。很多事情需要大家达成基本共识，才能共同遵守和执行。而一群人什么时候能达成共识，有很大的不确定性。要知道，不达成共识就跑步进入下一步，基本上是拔苗助长，是以留下后遗症为代价来加快进度，很容易欲速则不达。因此，应按照参与群众当时的状态和心态来调控项目进度，尽量坚持在达成共识基础上推进项目进展。当然，有时候有大自然的不可抗力因素，有时候有文牍主义的干扰，需要注意适当回避和灵活调整，甚至是磨合与协调。只是，这样做的时候，一定要在心中牢记：达成共识的群众合作行动，是"目标群体主导"发展项目的一个重要追求。

实现以上三个变化，从实操手羽化为协助者，才能胜任"目标群体主导"的发展项目。

4.协助者第1法宝：坚持有效赋权目标群体

有效避坑依赖于群众的有效参与，而有效参与只能来源于有效赋权，即把"资源控制权"或"操作主导权"等，根据项目设计和资源方意愿等，有效传递给目标群体。否则，就只能是"搭便车式"参与，"陪你演戏式"参与等。因此，做好有效赋权是协助者从一开始就必须关注的大事情。

可以如何做呢？

一是清晰地定义目标群体，也就是权力拥有人。

二是明确具体的权力。谁赋权给谁？什么权力？可以如何行使这个权力？是一个还是一束权力？拥有者范围怎样确定？被赋权人的具体责任有哪些，资源使用边界在哪里？等等。

三是有效授权形式。如公告、会议宣读、文件、领导出席会议发言等不同形式。

四是关注赋权有效性。不要出现赋了权，但被赋权人没感觉、不相信的情况。

五是关注目标群体的能力。不要因为能力不足问题，出现有权不会用、有权滥用、权力被少数人控制等现象。

要清楚明确地把"资源控制权"准确无误地传递到目标群体手中。防止目标群体之外的人把控资源控制权和操作主导权，以各种变相形式转移、弱化或缩小已经说好的赋权内容等。切忌外部帮助者或其他人以各种理由喧宾夺主、越俎代庖。

有效赋权，可推动目标群体有效参与，真实、踏实地跨越"无序参与困境"。

5.协助者第2法宝：坚持磨炼当事者

坚持磨炼当事者或目标群体，推动群众在具体磨炼中学会和谐合作共进共治。

绝不能简单赋权目标群体后就不闻不问。因为存在群众"无序参与困境"，放任不管就是碰运气，而且成功率极低。这不是群众素质低，而是之前没有形成好的风气；也不是群众的行为方式不能改变，而是从众心态很容易把刚改善的风气又改回去。我们得牢记，"目标群体主导"几乎毫无例外地要面对情绪干扰问题。在最初的敏感阶段，一个人的斗气话，一次小小的无理纠缠，一次小小的商议失败，都可能被当成否定群众主导的理由，都可能变成对群众主体意识和自信心的打击。目标群体在得到授权后，也容易出现"有权不会用""乱用权""不习惯大家一起做决定""被有的人带偏"等难题。

因此，在赋权目标群体后，不能放任不管，必须高度关注目标群体的自组织能力。怎么办？坚持磨炼当事者。

磨炼就是要大家直面问题，捅破窗户纸后真心交流和讨论，针对具体的矛盾学会客观分析和换位思考，从群体与社会和谐的角度研究制定大家应共同遵守的行为规则。磨炼就是通过许多磨合，从戾气多到合作性强的改善过程。

优秀的协助者，能根据实际情况创造机会，推动受益群众在解决真问题中磨炼，在抵制恶意情绪干扰中磨炼，在研究面对的问题时磨炼，在制定村规民约时磨炼，在确立和谐共管机制中磨炼。

坚持磨炼当事者，才可能有真正的"目标群体主导"。

6.协助者第3法宝：坚持提供靠谱的外部支持

靠谱既强调瞄准需求和及时有效，又强调不被伪专家带偏。

以受益群众共同制定一个具体管理规定为例，什么样的外部帮助是靠谱的？

有的人会说，我教会当事者共同制定管理规定，还不如我动手替他们写一个。这个心态比较普遍，很多地方都可以见到千篇一律的管理规定。但是，外部人代写的、抄来的管理规定，很多时候执行是有难度的，很可能会形同虚设。要推动当事者制定管理规定，代写或帮抄肯定是不靠谱的。不靠谱的外部帮助方式还有很多，如居高临下的态度、缺少尊重的指使、心大心急的行事习惯、重建设轻管理的一贯做法、不懂装懂的瞎指导等，数不胜数。

我们强调提供靠谱的外部帮助。这个靠谱指：

首先，外部帮助要以不干扰"目标群体主导"大方向为前提。高度注意不让不懂装懂的伪专家带错路，不任由"生手"瞎指导，不与"坚持目标群体主导""坚持磨炼受益群众"相冲突。

其次，提供的帮助是群众需要的，是有用的、有效的。

最后，提供的帮助是及时的、可及的。可及指用得上。及时是最重要的。因为有效的群众参与过程，实际上是一个边干边学的过程，实操性很强。很多问题难度不大，提醒一下就可以继续下一步，及时提醒是频繁而重要的工作。及时的话，外部帮助更容易被接受、被理解，及时发挥作用，能力改善效果也更明显。

靠谱的外部帮助，几乎是从"无序参与"到"有序参与"的必要前提。切忌由生手来提供帮助。必须清楚，培养生手和为"群众参与"提供专业帮助不是一回事，想要"一箭双雕"几乎是不可能的。生手的帮助太容易把引导推动目标群体跨越"无序参与困境"这件事搞砸。

（四）以"凌波微步"避免触礁（避坑第4招）

这是避坑最朴素的招式。这个招式就是警觉点、机敏点、不惹祸、"逃跑"快。"凌波微步"是段誉初学武功时最先学会的招式，即逃跑招式。在重大阻碍面前，在几乎没有胜算的时候，以"凌波微步""打不赢就跑"，避免项目失败。"逃相"可能有时难看，效果却非常显著——远离了踩坑的惨象，为资源政策方立功劳，为受益群众守住利益。这也是我们所佩服的。

技术难点在于什么情况下使出"凌波微步"这招。我们必须开动脑筋、提高警觉，不断识别可能出现的陷阱。这是一件非常依赖个人经验的事情，也很容易出现"事后诸葛亮"指责你过度敏感或逃跑过快。本节提不出所谓的判断理论依据和具体的指标判据，只能举几种类型的"坑点"供大家参考、反思，帮助大家提高警惕。

对于可能的、疑似的"坑点""易燃点""马蜂窝""烂泥潭"，实操手能做的就是根据自己的经验和判断，酌情逃离和绕行，不踩红线底线，不以身试险，不迷恋博弈，不争高下，不拿发展项目来做赌博。

以下几个坑，是实操手容易沦陷的、应该高度警觉的地方，是应该被反复告诫的"五不做"事情。

1.不参与社区权力和族群之争

有的时候，发展项目实施地存在较大人际矛盾，例如，不同族群处于一种对立情绪中。如果不注意保持中立和局外的态度，很可能陷入社区的利益纷争或权力争斗。如果族群的某一方认为你站在了另一方的角度，他们对你的态度就可能发生大变化，可能会专门跟你对着干。你说往东，他偏往西，让你完全无法实施项目，导致项目前景黯淡。我们可以把这种坑叫作"介入社区矛盾"。

保持中立立场很重要。和社区一起做项目时，从社区调查开始，就要关注社区矛盾，包括族群矛盾和对立的程度，在语言表达上注意自己的第三方中立立场。当社区矛盾双方相互指责时，千万不要点赞任何一方。讨好地站在某一方立场评判、批评另一方是很危险的。因为，作为外来者你很难判断他们的话真实与否，可能双方都添油加醋了。你说的一些话可能被有的人歪曲放大，作为攻击另一方的炮弹，懵懵懂懂地让另一方误解你，或是为其中一方奉送攻击另一方的机会，要么会踩坑葬送项目，要么你自己无法展开工作。

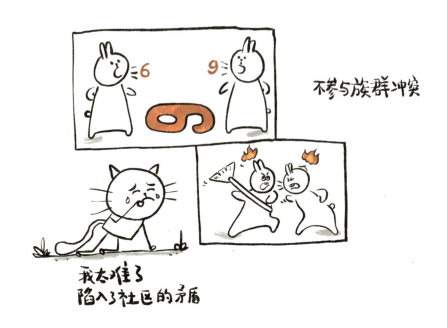

有机会就尽可能促进社区融合。尽管社区有各种矛盾，但项目资源和参与机会是双方都挂念的。有的时候，我们可以利用项目资源对双方的吸引力，创造化解双方矛盾的机会。为了社区和谐，为了践行核心价值观，我们强调支持双方合作行动，鼓励双方养成好的行为方式和讲道理的习惯，反对不讲原则的人身攻击等。有时候，我们也可以告诉他们，项目在这个社区（项目区）存在的底线是，不允许因为实施这个发展项目而增加社区矛盾，我们的愿望是通过这个项目缓解矛盾和改善社群关系。这就要求实操手不要随便陷入地方矛盾，而应中立地促进社区共商合作共同行动。

2.不做激化社会矛盾的事情

实施项目不能做激化社会矛盾的事情，这应该成为发展工作者的一个底线。

冲突爆发前才有机会
介入纠纷协调与缓解

绝不做激化
社会矛盾的事情

只有在邀请和授权
情况下才介入纠纷
协调和修复

实操手

在实际工作中，一些人对这一点还有争议。举例来说，在发展项目实施地出现征地补偿纠纷，村民纷纷站出来维权。作为正在这里组织实施项目的发展工作者，你该怎么办？一种观点认为，应该支持群众的维权活动，这是践行核心价值观的举动。另一种观点认为，简单地路见不平拔刀相助，不一定对社会发展有贡献。因为，你的介入和智力投入有可能让维权活动升级而结局仍然不明朗，最终把项目带入泥潭。你让当地行政系统成了你的对立面，你也把你的委托方（资助方）或业务老板给坑了，因为该做的事情（项目）做不成了。

尽管有人可能不喜欢，这里还是要再次强调，发展工作者不要介入可能激化社区矛盾的事情。因为，发展工作者的主要任务是协调实施项目和推动社区和谐发展，随意介入社区维权活动肯定不利于项目的顺利推进和成功实施，反而可能让自己失去推进社区和谐的机会，把发展项目送进大坑。这些年来，一些人随意参与维权行动，增加了别人对社会组织的猜测和怀疑，压缩了发展工作者发挥作用的空间。所以，随意参与维权活动，可能是发展项目的大坑，也可能是社会组织发展的大坑。

对于激化社区矛盾的事件，要向实操手提醒几点。一是冲突爆发前才有机会介入纠纷协调与缓解。当冲突明显化、剧烈化时，只有依照法律法规才能解决问题，这不是实操手的任务和责任。贸然介入很难有正面效果，倒很容易得到负面效果。二是即便提前介入纠纷协调与缓解，也是有前提条件的，那就是地方行政部门的邀请与授权。因为外人介入激发社区矛盾的风险极高，实操手既没有责任又不一定有能力，却涉入其中，是件很让人怀疑的事情。

因而，实操手要坚持，绝不做激化社会矛盾的事情，这是底线和前提。同时，实操手也要警惕，不要受"鼓励"去参与不符合社会良知的事情。

3.不要被历史矛盾纠缠

很多地方不一定像媒体宣传的那样光鲜亮丽，社区关系有时阴云密布，发展项目容易陷入历史泥潭。例如，有人翻旧账要求给一个公道。有的事情可能涉及已经升迁或者退休的干部，有的糗事可能已经久远到谁都说不清楚了。如在一个城郊搬迁户聚居小区，有的群众提出不解决历史问题就不配合项目。征地价格问题、占地面积问题、搬迁补偿问题、公共空间权属问题等历史遗留问题，都是一些发展工作者无能力解决的问题，也是一些说不清道不明的问题。怎么办？

陷入历史矛盾肯定是发展项目的一个大坑，我们只有选择绕开坑、回避坑，不正面去纠缠历史矛盾。通过向项目区群众解释，项目是给项目区群众带来现实利益的，如果纠结历史矛盾就可能妨碍眼前的受益，把群众的兴趣点转移到搁置历史争议、重点关注如何实现眼前效益上来。

是纠结历史！
还是放弃发展机会！
我选择暂时遗忘

有什么机会就解决什么问题。发展项目进入一个社区，明明不是来解决历史遗留问题的，而是为解决眼前难题和带来现实利益的。这时候纠结历史问题，有点像找错了人，有点像是来破坏眼前事的。纠结历史矛盾可能没有错，不纠结也可能没有错，但鼓励发展工作者介入历史矛盾肯定是错误的。在先做好眼前事，还是先踩陈旧史之间，我们先选择"好事实做"吧。

4.自己不擅长的事情不做

仔细斟酌的话，这个小标题是有问题的：不擅长可以边干边学嘛，凭什么不让初学者有练习的机会？其实，我们在这里是想提醒大家，珍惜社会组织和发展工作者的名声，做自己擅长的事情掉坑更少，因为做不成事、做不好事是要影响发展组织的声誉的，也会影响社会组织的长远发展。早年间一个发展机构为社区修建人饮设施，机构的志愿者成了"全才"，工程设计、水管采购、建筑安装等，边学边干，自我感觉确实良好。不幸的是采购的水管质量差，社区群众不太满意。借这个案例就是想强调一点，实施发展项目时应注意让专业的人做专业的事，自己不擅长的就让擅长的人去做，可以降低一些项目失败的风险。

尤其要注意不受资源诱惑，去接受那些自己没有能力完成的项目。比如心理咨询等，一般机构做不来，项目成功的概率很低。为了获得资源去干力所不能及的事，往往会催生阻碍社会组织长期发展的大坑。

不是我干不下来，实在是太窝囊
不能发挥长处就是受罪啊！

不做自己不擅长的事情

5.基层政府不理解的项目不做

没有行政支持就没有发展项目的生存空间。因此，地方政府支持是发展项目成功的先决条件之一。

地方政府理解的项目，是能够得到地方政府有效支持的（当然，政府协调工作做得差的地方例外）。政府支持可能包括政策、舆论、资源、协调和帮助解决一些具体矛盾等。

地方政府不理解的项目，就容易有一大堆麻烦挡在路上，所以最好别做。常常是，在基层一遇阻碍，发展项目就停滞在那里。没有人遮风挡雨，大家都不来伸出援手，项目周期反复延长、前景暗淡。早晚都是失败，还不如一开始就不做。

因此，实操手应高度关注基层政府的支持问题，基层政府不理解的项目不做。我国地大物博，政策繁多，基层领导的理解也不完全同节奏。你到一个地方工作，当地干部理解的政策才是能真正落实的政策。基层政府不理解的项目，就是不该做的事情。

因此，在实际工作中要注意：

在基层开展公益发展项目，要尽量争取行政力量支持。要么有县乡政府的支持，要么有业务单位的支持。以我们的经验，仅仅依靠乡镇政府，仅仅依靠村两委，得到的支持不一定足够。因为，那把想用来遮风挡雨的伞可能太小太脆弱。

要努力让行政力量理解项目。比如，项目进社区前，先与地方政府召开小型座谈会，把项目的由来、目的、如何做、投入与产出、组织实施框架等解释清楚。一般情况下，基层政府越理解项目就会越支持项目。还有，把项目实施担心的问题，希望得到的地方政府的支持，今后如何协调配合推进项目等，也一起讨论，达成合作原则。依据项目的复杂程度，将需要政府协调支持的事情尽可能一一列举。一次会不够的话，就多开几次会，甚至召开不同层次的协调会。

另外，要随时做好思想准备以应对干部调动带来的困难。支持项目的行政领导变动是一个普遍存在的项目风险。有的地方干部变动频繁，而新领导是否支持项目有很大的不确定性，可能和容易给项目带来冲击的因素，要有应对的心理准备。有争取新领导支持的方法吗？有。可以主动联系汇报；可以请前任领导帮忙，把领导关系衔接下去；也可以主动邀请新任领导考察项目实施工作等，争取理解与支持。

（五）以"自修"培养避坑"下意识"（避坑第5招）

如果有机会大范围观察，就可以发现一部分踩坑和实操手个人有很大关系。个人的"对人对事态度""发展知识框架"和"处理事情灵活性"，是容易出问题的地方，也是应重点"自修"以强化避坑"下意识"的地方。

1.自视甚高者逃坑难 —— 来自自身态度的坑

我们在实际生活中观察到有一类人，他们没有理由地"自视甚高"，一方面个人碰壁多，一方面让自己主持的项目踩了不少坑。

自视甚高的人，容易自作自受。问题可能来自尊重态度不够，不尊重被帮助对象，不敬畏问题的复杂性，容易放纵自己的虚荣心。有的人处处显示自己是"资源方"，对群众、干部和合作伙伴都是一副居高临下的样子，爱显摆，容易耍态度、乱指责。这种人很容易被各地合作伙伴排斥，导致频繁更换项目区。

缺乏问题意识的人也容易掉坑。有的人容易自以为是，对可能出现的问题没有敏感性，或者知道有问题但存在侥幸心理等，容易被问题突然袭击而掉坑。缺乏问题意识的人常常也是缺乏责任感的人，不太重视项目目标，不太操心项目的有效成果。对问题容易推诿甚至视而不见，减少了项目避坑的机会。

情绪化的人更容易掉坑。项目遭遇障碍时必须冷静应对，但有的人难以控制自己的激烈言行。问题是，凡事一情绪化就容易失去解决的机会，有的时候有理都会变成无理。情绪化容易增加项目的对立面，无端增加更多的坑。

谁更容易掉坑

2.眼拙者迷坑多 —— 迷失发展项目价值追求更容易踩坑

关于迷失发展项目的价值追求，这里想更多地强调理解发展的知识框架对建立避坑意识的重要性。如果大家在思想上就如同传统实操手一样，把发展项目当成"搞修建""送好处"，就是眼拙，就是容易踩坑的思路。反过来，要想不眼拙，要想增加避坑的敏感性，可以怎么做呢？当然是深刻理解发展项目的政策性，以及发展项目的相关知识框架。

大致上，一个发展工作者"自修"发展项目知识框架、强化避坑"下意识"，可以从以下四个方面入手：

（1）抱着尊重和敬畏的态度。有价值观、有追求、有尊重和敬畏，是最好的；至少要稳定自己的心态。

（2）了解和理解社会现实。社会是怎样运行的，群众是怎样想的，问题为什么会出现，不同视角的不同逻辑是什么 —— 了解和理解现实社会越透，识别坑的能力就越强。

（3）能理解和应用项目管理知识和方法。协助者首先是一个项目管理者。基本的项目管理技能是必需的，不踩一般的项目管理坑是最低的要求。

（4）深刻理解发展项目的政策性，包括发展理念框架和发展项目"五好标准"。比如，分得清救急、救难和发展三个概念的区别。避免用救急、救难的做法搞发展项目。真正理解和追求提高受益群众获得感，促进形成有内驱力的"共建共管共享共治"格局。

一个容易犯的常识性错误，是用救急、救难的方法搞发展援助，用搞发展的方法搞救急、救难。实际上，救急、救难和发展的区别是非常明显的。

救急：救急式帮助以抢时间为主。快，往往来不及细想。

救难：救难式帮助以消除缓解难点为主。强调想清楚该如何做。

发展：发展式帮助追求"人的发展"和"协调发展"。对发展项目而言，价值追求放到了很高的位置。因此，发展项目的评估更多侧重于"效益效率""参与性""满意度（瞄准性）""社会公平性""可持续性"等指标。发展项目强调，做了一个项目后，受益群众"人有什么变化"。

（5）掌握协助的基本知识和技能。包括践行参与式理念方法、社会公平公正性，建立和陪伴群众自组织的工作方法技能，等等。这些都是避坑的必要技能。

我们相信，越是在态度方面不出问题的人越不容易走偏；越了解基层现实的人，越容易逃坑；越理解发展项目逻辑的人，越不容易被忽悠；越是追求高的人，越能管住自己少踩坑；越是熟练掌握参与式方法和协助者技能的人，逃坑的敏感性和绕坑技能越高。

3.不善躲者易受伤——来自环境干扰的坑

现实情况是，有了避坑意识，也不一定躲得开所有的坑。有的来自环境的坑是难以绕开的。因此，还得强调发展工作者既要能坚持主见，又要能沟通和变通，不当"屈死鬼"。意思是，可以在清醒地判断后，适当妥协或灵活躲闪。虽然可能逃相难看，但是可以尽量少踩坑，要尽可能在坚持主见和适当妥协间找到让项目损失最小的平衡点。

冷静面对，争取能沟通、变通又不被带偏。有些难以回避的坑，如项目所在地政府领导换人，新领导上任不理解项目；社会资助方的人员变化，基金会的方向和兴趣改变，资助方狂热追求宣传效果；一些没有实际经验的资方管理人员提出烦琐的管理要求；不合理的财务手续；等等。面对这类坑，我们只能加强协调，但协调是有难度的，你必须有主见，能争取就争取，该妥协就适当妥协，把避坑当成过关。

来自环境的坑你必须坦然面对

糊涂跟风不是避坑，而是掉坑。因为跟风往往以损失项目目标为代价。比如，有些社会组织跟风垒大户修面子工程，去学喊口号的做法，忍不住也用运动式、官僚式、拔苗助长式方法推进项目，一般都会守不住发展项目的政策性。还有一种可能，太相信"鸡汤"，对一些编造出来糊弄人的假故事没有识别能力，信以为真跟风而上，结果糊涂跟风糊涂跟错。

第三章

协助的坑
——越勤快替代越误事

本章提要

◆协助最容易犯的错误是过分替代

◆该介入时介入，不该介入时偷闲

◆关键环节的引导和陪伴，是协助的硬功夫

◆不依靠小聪明，不承诺，不替代，不抢功劳，当
陪伴高手

协助是什么？说得简单直白一点，协助就是搭建一个平台，创造无数的机会，组织成一个过程，让目标群体这个演员在各种表演中，得到收获，得到自信，有能力有主人翁精神地自助互助"抱团"发展。协助者这个时候如果去抢风头，热衷于自己去表演，就可能越勤快越误事。

第一节　过分替代就可能是搞破坏

这里，"替代"指外部帮助者代替目标群体做事。工程队"送工程入户"，协助者花大量精力替目标群体销售产品，家长替孩子做作业等，都是"替代"行为。替代是协助者最容易犯的错误。

替代本来是想做好事，麻烦在于容易形成依赖性。帮助孩子做一次作业没有问题，经常帮孩子做作业就容易引起问题。

替代的一种不良效果是"躺赢"。以做作业为例。你天天替我做作业，我就天天直接交上去。我学没学会不重要，作业按时提交很重要。长期的效果不重要，眼前的表演很重要。再如家庭卫生。我没有想把家庭卫生搞好，既然我家的卫生好不好是你的"考核"成绩，那你就去打扫吧，我认。又不出力气打扫卫生，又能得到环境干净的效果，"躺赢"是受欢迎的事情。

替代的另一种不良效果是"躺输"。工程修好了，只管用，不管维修维护，反正工程设施坏了也是大家都不能用。维修维护是别人的事情，要输大家一起输。

"过分替代"有时候过程很感人，结果却很伤人。协助者把所有困难都克服了，群众搭了一次又一次便车，给群众带来的好处让人感动，但一些人不断得到好处后形成了依赖性，没有得到后续好处产生的抱怨心态令人痛心。某县组织县级机关干部对口帮扶困难群众，贫困群众A直接表达了对对口帮扶干部B的不满：遇见你太倒霉了，其他家的帮扶干部都给得多，就你给得少，要是换成其他人来我家对口扶持，我就可以多得到一些支持了。我们不想去争辩什么"升米养恩人，斗米养仇人"，我们是想说帮助也是个技术活。我们期待真诚的帮助不光有实效，还能呵护被帮助者的自尊心，还能让被帮助者认识到不能"躺赢""躺输"，而要自立自强争口气，学会"自己对自己负责"。从这个意义上，我们说"过分替代可能是搞破坏"，是指破坏了群众的自立自强精神。因为，协助者过分替代或全面负责，目标群体就用不着负责了，群众就可能被边缘化。协助者把所有问题都解决了，群众就离不开协助者了。一旦群众离不开协助者，项目的可持续性就成问题了，因为协助者离开是早晚的事。

总之，对发展项目，外部帮助者做得太多不一定是好事，可能更不利于能力建设和激发内生动力。应注意避免出现替代过多，被当地群众的依赖性套牢的情况。

第二节　协助者不协助

协助者不协助是过分替代的反面。一些流于形式的参与式项目，会让志愿者当协助者。由于经验学识和授权不够，志愿者虽然长期待在村里，但几乎没有什么事情做，把项目管理工作变成了在基层体验生活，和群众"同吃同住"。这种协助者不协助现象，让协助者成为与项目没有多大关系的人，也容易让这个项目的"目标群体主导"成为空谈。

协助者不协助现象反映的是，一些人不清楚协助者应该怎样发挥作用，即在"目标群体主导"的时候，协助者引导和陪伴受益群众跨越"无序参与困境"，应该具体做什么和怎么做。

大体上，协助者在帮助受益群众"边干边学"走"共建共管共享共治"之路时，有六大任务：

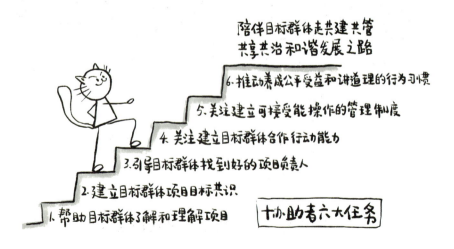

陪伴目标群体走共建共管共享共治和谐发展之路
6. 推动养成公平受益和讲道理的行为习惯
5. 关注建立可接受能操作的管理制度
4. 关注建立目标群体合作行动能力
3. 引导目标群体找到好的项目负责人
2. 建立目标群体项目目标共识
1. 帮助目标群体了解和理解项目
十协助者六大任务

一是促进目标群体对项目的了解和理解。要想办法推动目标群体有效理解项目目标、项目资源、项目受益者、政策依据等关键信息，让目标群众广泛知晓基本的政策和资源使用安排要点，打破可能出现的信息封锁，扼杀怀有私心的谣言。

二是推动目标群体形成对项目成功的共同追求。仅在政策上宣示群众主体地位远远不够，要强化目标群体的项目拥有感，要有办法让目标群体真正得到授权，要激励群众参与项目的积极性，要倡导用公开公正公平的价值观来指导项目实施，要把目标群体凝聚在"团结合作，共建共管共享和谐家园"的价值追求下。

三是引导目标群体找出公正、有能力和愿意出来带领大家共同行动的人。任何一个项目，找对带头人都是成功的关键。在"目标群体主导"发展项目中，受益人自主管理更容易发挥群众自身的积极性。比如，让共用一个饮水系统的人来共同建设和管理饮水工程，让共用一条村道的人来共同维护村道的长期使用。受益者或使用者管理的优点是更负责、更有效和更能持续。但前提是受益者选出自己信得过的人来带头实施。谁来带领大家，让大家这一次能真正有效受益？一定是大家认可和信任的人。如果大家不相信这样的人能够带领大家真正有效受益，那这个项目成功的可能性会变得更低，发展项目的政策性和公益性更难以落实实现。不同地方、不同项目、不同情况下，由什么人来带领大家开展项目活动更有效，是协助者应提前提醒目标群体关注的事情，也是要提前和基层行政部门协调沟通以重点解决的事情。

四是注意建立目标群体的集体行动和合作能力。发展项目追求群众的团结合作行动。协助者要注意利用种种合作机会来增进受益群众的合作意识和合作习惯。例如，合作管理供水工程、灌溉渠、集体林和草场等，只要合作起来，管理起来，就能放大和延长发展项目带来的收益，增加群众的获得感，就能或多或少地消除一些当地矛盾，促进当地社区的和谐管理与和谐发展。

五是注意建立可接受、能操作的管理制度。协助者不能仅满足于表面的文字的规章制度，也要关注这些制度是否能真正发挥作用。管理制度能够发挥作用的前提是可接受、能操作，要做到这一点并不容易，一定会有各种明显的或者隐藏的干扰。对于每种类型的管理规定，协助者都应注意创造一个大家共同制定规章制度（村规民约）的过程。一般是讨论可能出现的问题、弊端和给群众带来的损失损害，讨论解决问题的办法，讨论解决问题的措施如何落实，讨论解决问题的原则，最终是群众集思广益，对规章制度的要点和条款做出集体决定。对发展项目而言，不必太追求规章制度的文字优美和严谨，应该把注意力更多放在找准问题，有效解决问题，管理条款能够被群众和干部真正接受和容易操作上面。还是要重复提醒一次，协助者不要替代群众做这件事，这不是在比拼谁的文字更"高大上"，而是培养目标群体"大家的问题，大家一起合作想办法来解决处理"的行为习惯。

六是推动当地形成讲道理和公正公平做事的行为习惯。在陪伴目标群体的过程中，敏感的协助者总能发现一些机会，可以通过这些机会，推动群众讨论、分辨和讲道理，塑造人们公平做事的行为方式。切记，协助者到了一个地方，就可能为这个地方带来一次改善行为方式和风气的机会，因为协助者的中立角色和头上的资源光环，可能让当地各种人群有更大的忍耐心和宽容度，这时候更容易把人们的心态往公正公平做事和讲道理的方向引导。当然，前提是这个协助者有丰富的经验。涉及社会公平的事情，其他章节有专门介绍，这里只是提醒协助者应该在陪伴协助过程中利用各种机会来改善社区的行为习惯，这对提高社区发展的长期能力有帮助。

协助者如果做到以上要求，不仅能够有效改善项目效果，也对自身的成长有很大的帮助。

陪伴者不是主角。说起来很简单，干起来真的很难，因为很多人不习惯做配角。保持陪伴的心态很难，当陪伴高手更难。我们发现，刚出道的新手志愿者，也会常常忍不住要去主导和指导一把。

角色转换是难点

谁是发展项目的主体？即便狠狠地思索，有些人也不一定想得清楚。即便想清楚了，有可能还要反复反悔。因为可能涉及资源控制权的转移，甚至可能涉及利益关系的调整。

改"中间人主导"为"目标群体主导"，也许会触碰一些人的蛋糕，妨碍一些人打小算盘，限制个别人利用招投标搞权力寻租的机会。对一些过去习惯处于支配地位的人来说，哪怕只是从主角转变为协助陪伴者，也会是巨大的挑战。你可能忍不住反客为主，但这是一个损害群众主体地位的坑。因为，你主导了，群众主导就没有了。

藏尾巴好难

忍不住"反客为主"

反客为主的现象有：情不自禁表现为自己是管理者、领导者；忍不住替目标群体做决策、做安排；好出主意，不懂装懂提建议。这些都是不靠谱的帮助者提供不靠谱的外部帮助。有的反客为主还会表现为过度"自嗨"。例如，某机构参与灾后重建，一个外部工作人员站在新修好的垃圾收集池中手舞足蹈口若悬河地介绍，周围有2台摄像机、3台照相机在拍摄，当地村民在远处双手揣在胸前冷漠地看着这群人。让人忍不住怀疑，他们是在真心帮助受灾群众，还是做表演吹捧自己？反客为主、不会做事也做不成事的现象，消耗了人们太多的耐心。

反客为主是怎样发生的？

一是可能从内心深处并没有真正理解和接受"群众主体"观念。有的人坚持自己的领导、上级、管理决策者等角色，习惯于居高临下发号施令；有的人可能过于自负，"我能干、你们不行"的观念根深蒂固，压根不相信群众的能力；有的人好为人师，出主意滔滔不绝，按捺不住想要指手画脚的冲动。

二是群众自我矮化的态度可能鼓励了一些人反客为主。事实上，很多时候群众对外部帮助者是仰望的。因为自古以来发展机遇和资源都是外部人带来的。为了尽可能多地得到帮助，群众对外部人尽量示好和迎合，甚至主动矮化自己，以谋取更多的机会和好处。即便对一个志愿者，当地群众也多是仰望的态度。这可能增加了一些外部帮助者的优越感，让他们忘记了谁是主体，忍不住指手画脚。

好的协助者是多面手

好的协助者既不反客为主，还是帮忙高手。

一是能做好协助者角色转换。过去是身居高位的领导者、管理者，现在要转变为平等关系的协助者、陪伴者；过去是带着光环的专家，现在要做协调联系专业技术支持的中间人；过去是主导主持者，现在是咨询指导者；过去领导项目实施，现在协调社区边干边学边成长。

二是能提供智慧型帮助。协助者的智慧型帮助体现在：利用赋权等措施激发被帮助者内生动力；通过协调目标群体的学习过程和磨炼过程，维护巩固激发出来的内生动力；经过陪伴式帮助、"影子"式帮助、放飞式帮助和多角色及时有效合适的支持，在完成建设服务任务的同时，增加被帮助群体的获得感，帮助其提升持续发展能力，增加自信、凝聚力和行动能力，实现团结合作持续共管共享，使其成为具有群体内生动力的受益群体。

因此我们说，陪伴高手不好当。

第四节　技术不过硬怎么做好协助？

协助技能，应该是发展工作者的硬核战斗力。就像媒体主持人的主持技能一样，不同的主持人主持水平千差万别，不同的协助者协助水平也是千差万别。协助者的协助技能常常决定一个发展项目的最终成效。还有，协助技能不是一个可以热炒热卖的技术，而是一个结合敏锐性、快速反应能力和实战经验技巧的手艺活。从新手到熟练掌握协助方法，需要一定的时间。而由缺乏协助技能的新手来推进项目，就相当于参与一场赌博，靠的都是运气。过去多年来一些发展机构反复踩坑，就是因为用缺乏协助技能的新手来推进项目，导致项目质量低下，只能靠笔下生花和不让目标群体发声来蒙混过关。

实际上，协助的基本技能就是主持有效的沟通交流。这看起来简单，却是提升项目质量的基本手段。"目标群体主导"本质上是一群地位相同的利益相关者凑在一起边商量、边决定、边实施、边磨合前行。当然会遇到不同想法的人。协助者以中立的态度主持协调大家的讨论，帮助大家把话说出来，让大家把想说的话表达清楚，把别人说的话理解透彻。这种在群众理解透彻基础上的相互沟通交流既是前所未有的，又往往是卓有成效和富有成果的。注意，协助者的基本贡献就在这里，让大家在理解的基础上反复对话，在公正讲理和换位思考的前提下透彻交流，努力达成共识。这和传统项目只有权威说话，几乎只是自上而下单方面进行表达的情况完全不一样，避免了传统项目一个决定错误就一错到底、群众没有机会贡献聪明才智、目标群体没有机会摆脱搭便车思维等弊端。有效协助带给受益群体行为方式的变化，是传统项目推进方式完全不可比拟的，具有压倒性的优势。

在实际工作中，协助的主要形式有提问、引导、培训、协调和咨询服务等。因此，所谓的协助技巧就是怎样提问、怎样引导、怎样培训、怎样协调和如何提供咨询服务等。

缺乏协助技能的常见表现为：不会协助讨论、不会降低姿态、该放手时不放手、忽视目标群体的学习过程、缺乏风险防范意识、沉湎于游戏、让没有经验的人驻村、任偏激的人误导管理小组、忽视薪酬设计、忽视财务可持续、忽视管理小组内部管理，等等。

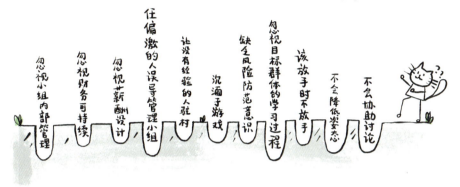

（一）不会协助讨论

用参与式方法推进项目时，需要进行大量讨论。这种讨论不是领导坐主席台，上边说，下边听，而是尽可能把大家内心的想法表达出来，还要通过交流逐渐使讨论深入。这时，协助者表现出来的不足可能是居高临下的官僚态度，忽视弱势群体发出的声音，忽视创造机会让人说出内心想法，有意无意地压抑某些观点，忽视澄清发言内容，等等。

在协助者培训的时候，有一个练习是让每个培训小组制订旅游计划。要求讨论过程中，不断更换协助者。结果，有的人只要一站在协助者的位置，就会强行把讨论过程推向自己想要的结果。协助讨论不是推行自己的想法，而是协助大家表达、商议、对比选择、形成共识。协助讨论是协助者最基本最基础的工作技能。协助技巧高，就更可能收获有效有用和大家愿意接受的结果。协助讨论是新手早期必过的关卡。在培训班上曾有人说，掌握协助讨论技巧，是协助者个人领导能力的重要部分，因为这既是带领一个团结有战斗力团队的基本技能，也是群众工作的基本技能。熟练掌握和应用协助讨论的技巧，比好多看起来"高大上"的心灵鸡汤有用得多。

在协助讨论时，协助者要注意：一是自己不带观点；二是重点做维护发言和讨论秩序的工作；三是注意避免发言中的过激情绪或人身攻击；四是确保大家理解主要观点；五是避免跑题；六是推动大家进行更深入的交流；七是防止出现有话说不出来，弱者没有机会表达的现象；八是确保每一次讨论都得出有建设性、有用的成果。

协助讨论时 协助者应该注意

1. 自己不带观点
2. 维护发言和讨论秩序
3. 把控情绪防人身攻击
4. 确保大家理解主要观点
5. 避免跑题
6. 推动更深入地交流
7. 提供弱者表达的机会
8. 追求建设性讨论成果

（二）不会降低姿态

所谓的不会降低姿态就是指不会装笨。

早期协助者面临的困难可能是难以打开局面。协助者应尽早把沉闷的群众扭转为活跃的群众，把习惯"等靠要"的群众转化为积极参与的群众。但激发目标群体的主人翁意识可能需要很长的时间。刚开始时，多数群众可能是仰望者，这种心态影响了群众参与，因此协助者应该想办法降低自己的姿态。一个有效做法是装笨。装作不知道，多问，多学习，才能更好地为群众参与提供空间。例如，让群众通过绘画来描绘社区发展远景时，他们都会说自己不会画画。如果协助者在地上画出很丑的生产生活图，一些群众就会忍不住出手，因为你画得太丑了，他就会发现自己有发挥和表现的空间。他一出手，你就达到了促进他参与的目的，你就可以把勾画发展远景的任务交给他。在打开局面阶段，可以经常采用类似方法。还有一点要强调，装笨并不容易。有的人在装笨的时候，一不小心就会"原形毕露"，又表现为"我行你不行"，影响群众发挥和参与。这里要强调的装笨是指协助者最初的行为方式。

你真棒

社区

有自信的人才装笨

好自信哟

（三）该放手时不放手

该放手时就放手是重要的协助者技能。

但是要注意准确识别该放手的时机，既要有利于目标群体在放手后继续保持积极性、进取心和成就感，又要防止因为过早放手出现目标群体接不住盘的情况。

放手后目标群体接不住盘，对项目实施非常不利，可能导致项目陷入困境。因为有人可能利用这个情况，证明"目标群体主导"是错的，群众可能因此而沮丧，失去主动性和积极性。精明的协助者一般深谙放飞式帮助的精髓，持续关注目标群体的能力进步情况，分析判断如何放手和怎样放手，但是往往装作若无其事的样子。表面粗犷，心中嘹亮，在目标群体有主动性和明显能够做成的事情上，表现得大度，让群众一直保有成长进步的感觉。

（四）忽视目标群体的学习过程

追求内生动力必然涉及社会风气和行为方式的转变。但是，仅仅通过培训和开会是难以实现当地社会风气和行为方式转变的。

在实践中我们发现，目标群体的学习过程，对当地社会风气和群众行为方式有很大的影响。在某村草场可持续管理项目中，一些村民认为，"保护草原是国家的事儿，我们只管自己有收入"，因而拒绝减少牦牛养殖。经过目标群体学习过程后，拒绝减少牦牛数量的声音降低了，甚至消失了，取而代之的是"我们的草原我们自己要保护"。只有大家都一起减少牦牛数量，才可能阻止草场退化，才可能不当生态难民。

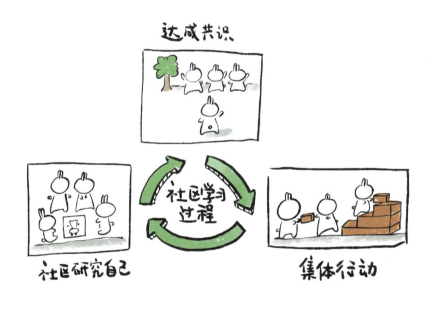

目标群体学习过程，在转化牧民早先的搭便车行为方面，起到了很大的作用。过去对违反草场管理规定的行为只有村干部去管。后来连村干部也不管了。在经过目标群体学习过程后，遇见违反草场管理规定的行为，大家不再像以前一样只当"吃瓜群众"，而是团结起来，发出声音，共同抵制。可以看出，构建目标群体的学习过程，是转变"搭便车"风气的有效手段。

今后，可以在项目管理周期中加入"目标群体学习"这个步骤，即"目标群体主导"发展项目的项目周期变成"需求调查—项目设计—宣传动员—目标群体学习—建立项目小组—小组能力建设—制订行动方案—实施行动方案—参与式评估"。这样，通过注重目标群体学习来潜移默化地转化社区风气和行为方式，也是扎扎实实地磨炼了受益者一把。

推动"目标群体学习"具体如何做？例如，在某村草场可持续管理项目中，为了推动大家积极保护草原和合作行动，提出了一些要牧民群体共同回答的问题，一个一个抛出来让牧民回答。有点像给牧民布置作业。注意，不是一个牧民来回答问题，而是全体牧民公选的草场管理小组带领所有牧民一起来研究讨论和回答问题。当然，你提出的问题，应该是有利于思想转化的，是牧民感兴趣的。例如该村牧民要回答的第一个问题是："怎样证明我们的草场已经退化？"是啊，外边有人愿意出钱来帮助你们治理草场退化，问题在于，出钱的人并不完全清楚你们的草场是不是真的退化了。如果你们说清楚了，别人就可以出钱来帮助你们治理了。然后牧民们就很着急地去做作业了。后来又很着急地主动前来请教，如何研究草场状况和如何表达他们的研究结果。这样，目标群体的主动性和积极性就得到了明显加强。紧接着对第一个问题的研究，牧民们后来还研究了几个主要问题，分别是："好的牧草是什么样子？""好的草场是什么样子？""什么是好的草场管理？""我们村的草场管理出了什么问题，为什么？""怎样才能恢复我们的草场？"在这里不吝笔墨地给大家介绍如何组织推动一个"目标群体学习"的过程，不是想教大家具体怎么做，而是启发大家聪明智慧地选择学习题目，让大家看清楚协助者是如何发挥作用的，目标群体的自我责任感、主动性和积极性是如何激发并巩固下来的。这个环节的工作如果做好了，以后的"放飞"就有把握了。

（五）缺乏风险防范意识

项目进展过程中总有一些突如其来的情况发生，有的暗含较大风险，必须有敏感性才能及时发现风险和处理风险。

在实施一个灾后重建项目时，项目计划的财政资金迟迟不能到达管理小组。但是有一天，管理小组会计突然被通知到县财政局领取资金。会计一下子从县财政局领到 30 多万元现金。当时，有很多建设活动已经被不同的人垫资开展，人们都急于用手上的票据换回自己垫付的资金。会计如果不负责任，或者顶不住一些人的压力，就可能把票据快速收下来，把现金尽快支出去，因为这样可以最大限度减少现金在自己手上被盗窃或出事的风险。而一旦这样做了，就难免出现一些不该报销却已被报销的开支，以后就很被动了，很可能让后续的项目实施变得非常困难。幸好，协助者有很强的风险意识，在得知消息的第一时间就迅速行动。

一是紧急商请县扶贫局立刻派人赶到项目村，和会计一起守住资金，暂停任何人、任何可能理由的报账行为；二是协助者自己紧急赶往项目村，与扶贫局、乡村干部和管理小组一起及时开会，研究这次报账的原则，报账的优先顺序等。最终，在理清了前期垫付资金的情况，确定了分类报销的优先秩序和报销原则后，才由会计一笔笔处理报账事宜。

这提醒我们，出错的风险到处都存在，一定要有风险意识。一般是，尽量提前识别可能发生的风险；提前确定风险分类处理的原则；提前增加大家的风险意识，建立起风险应对机制。但经常是计划跟不上变化，而且风险很难被完全识别，提前确定的风险应对措施不一定用得上。因此还要再打一个补丁，即建立起及时有效的沟通渠道。协助者和目标群体一起确定联系方式，如：发生什么事谁告知谁？被帮助者明显处理不下来的事情该找谁？突如其来的情况怎么办？等等。这样，才能在风险来临的时候，不至于手忙脚乱，或导致项目一败涂地。

（六）沉湎于游戏

这不是我们编造出来的"坑"。有一段时间，有一群人，就是喜欢带着村民做游戏。以至于有高层干部说，"不搞参与式，参与式就是做游戏"。这其实是误解。

实操性很强的参与式方法，常常借助游戏来帮助目标群体加深理解和认识。比如，在设计社区发展基金管理规章制度的时候，利用角色扮演来深化大家的思考。有的人扮演借钱不还的人，有的人扮演家里遇到急难事急需借款的人，有的人扮演村干部，有的人扮演管理小组成员，有的人扮演"吃瓜群众"，有的人扮演不讲道理的人。大家要坐在一起讨论管理办法和管理条款：借钱不还怎么办？怎样担保才靠谱？等等。通过游戏，大家理解了不同角色的人的想法，考虑如何设置大家都接受都愿意执行的管理办法。通过换位思考，热热闹闹地就整合了很多分歧，制定的村规民约明显更能够让大家接受，更合理，更容易执行。

实际上，协助者组织目标群体做游戏的目的很明确。有的游戏是用于活跃气氛的，有的游戏是针对要改变的某个理念的，有的游戏是瞄准需要改善的某种行为方式的，有的游戏是帮助大家理解某个管理措施的。问题在于，如果游戏做得太频繁，又不能有效解决问题，就很容易让人误解。好像协助者只是来搞热闹的，天天搞游戏打发时间，浪费大家的精力。协助者的游戏水平是协助能力的重要组成部分，组织游戏的水平常常也是推动目标群体观念转变的重要因素，因为在村里你很难反复干巴巴地讲课推广相关理念和知识。游戏是改变群众意识的手段之一。

有目的的游戏才是改变目标群体的手段

总之，游戏是做群众思想工作的有力工具。关键是要设计好和开展好游戏，要让游戏有很强的目的性和针对性。为了解决某种问题，设计好游戏，以游戏为垫脚石，让大家踩着石头过河。同时注意，既要让游戏发挥作用，又要避免过多的游戏转移受益群体的注意力。

（七）让没有经验的人驻村

让没有经验的人去做复杂的事情，很容易搞砸。

比如，让刚毕业的大学生志愿者去一线管理公益项目。社会现实告诉我们，这种做法风险太大。即便只是简单的修建工程，新手犯错的"机会"也太多。买错苗木畜牧品种、选错修路路线等，新手很容易热情高而效果差。所以说，派不懂的人到村里、到项目去指挥是一种损害发展项目效果的做法。如果发展项目还有追求内生动力的更高目标，那么让新手指挥就相当于把项目目标纳入碰运气的轨道了。

不能让不懂的人指挥项目

为什么会发生这种事情呢？

一种可能是把事情看得太简单。小看了农村的复杂性，小看了发展项目的复杂性，把发展项目仅仅看成是修建工程。其实，即使是修建工程也没有那么简单呀。有的机构负责人可能是应付上级任务：你不是要我派人驻村吗，我本来就人手不够，只能派出闲人，派出需要锻炼的新人，反正少了他也不影响机构正常运行。更过分的做法是新招临时人员来充数。

另一种可能是混淆了派人驻村的目的。是派驻人员去促进实施和管理项目，还是安排青年骨干到基层去锻炼，这是两类完全不同性质的派人驻村。如果是前者则派驻人员必须有能力有经验，否则就是不把国家社会投资和发展项目当一回事，就是放弃对项目成果的追求；如果是后者，是为锻炼骨干培养干部，就不该让他去指导项目。哪有让不懂的新手去实施复杂项目的道理？这不是以低水平的项目实施来交换新手的能力成长吗？面对复杂的农村和复杂的发展项目，新手大概率会帮倒忙。以大学生村主任小白为例，她回村当村主任 3 年，把各种坑踩了个遍，在经历、目睹一系列项目"惨象"之后，她成长了。只是，群众的受益被耽搁了，村民被折腾得够呛。这不像是她去做扶贫发展项目，而是扶贫发展项目陪伴她成长，群众陪伴她成长。

现实社会中，让没有经验的人驻村，是一个容易被人反复踩的坑。我们的一个同事甚至扎心地说道，这是"受灾面很大，侮辱性较强"的坑。在发展项目即将面临升级的今天，即乡村振兴项目和共同富裕项目开始追求内生动力，更多地实施"目标群体主导"的阶段，必须警醒不要再重复这个错误了。要清楚，协助、陪伴目标群体建立内生动力，必须依靠经验丰富的专业协助者。重点不在于让他去驻村，他不是去同吃同住的，而是作为一个靠谱的外部帮助者前去提供及时有效的外部支持的。

那锻炼新手的工作怎么做呢？有的志愿者刚大学毕业，所学专业在农村是能够马上发挥作用的，如学医的做医务志愿者支援村医，学教育的做志愿教师支持村小等。这批人在自己的专业领域就不算是新手了，可以开始贡献社会了。而对于所学专业不能直接用于农村或发展项目的志愿者，如飞机制造专业毕业的学生，他们可以算作发展志愿者（如一般的青年志愿者）。这批人数量多，他们驻村更多是为了得到锻炼而不是直接贡献农村。对发展项目而言他们是新手，很难直接承担管理、推动发展项目的任务。如果非要把他们和项目捆绑，以锻炼他们的项目能力和协助者能力，那就必须安排一些培训和有经验的人的指导，这也是个边干边学的过程。

总之，务必把派人驻村去促进实施管理项目和送人到基层锻炼两件事情分开。混淆就是踩坑，因为项目成果没有保障，也收不到好的驻村锻炼效果。两个都要可能会两个都要不到。

（八）任偏激的人误导管理小组

确实发生过这样的事情，群众不小心把偏激的人选成管理小组成员，这就增加了项目失败的风险。因为这类人态度偏激，容易导致管理小组不团结；偏激情绪容易造成管理小组和村两委之间不和，让管理小组难于开展工作；用偏激的办法未必就能解决问题，常常还可能走向反面。偏激的人容易掌握话语权，误导管理小组整体走向偏激。对此，协助者必须保持高度警惕，不能让偏激的人误导管理小组。

现实社会中确实有一些地方干群矛盾较大。一些人可能利用项目找机会出恶气，矛盾双方都可能相互指责说对方是不正风气。协助者绝不能让这种斗气现象出现、放大和任其发展。因为大家都去斗气了，项目就肯定搞不好了。

协助者必须清楚：

（1）首要任务一定是实施好项目、实现项目目标。偏激的人容易制造更多干扰，甚至可能火上浇油，加剧当地矛盾，让项目处处受制于矛盾，很难走向成功。（2）我们没有解决历史矛盾的任务。我们不是到森林去捡野果子的孩子，捡到什么是什么，看见矛盾就去解决。必须坚定不移地紧盯项目目标。贸然介入历史矛盾，容易捡不到芝麻还丢了西瓜，还可能深陷矛盾被人轰走。（3）我们没有解决历史矛盾的条件。作为外人新到当地，容易搞不清楚真实情况，在错综复杂的当地矛盾中容易找不到北。在开始阶段，你能听到真实消息吗？恐怕很容易被误导而偏信。至少在开始阶段，你没有解决历史矛盾的条件。真想解决历史问题，你首先要做好当前项目，解决好当前问题。在这个过程中，使群众建立起集体参与的能力，形成讲道理和集体决策的习惯，改善社会风气，之后，解决历史问题也不是协助者的事情，而是改变了理念、提高了能力的群众自己主动要去做的事情。

不能让偏激的人误导管理小组
他们容易火上浇油！

为避免出现偏激的人误导社区管理小组的情况，一是要注意避免偏激的人进入管理小组；二是注意培育管理小组不偏激的作风；三是开展协调工作，让矛盾各方为了得到外部项目的支持，各有妥协与退让，必须团结来争取项目，绝不能在项目实施期间发生偏激行为。这个时候，如果协助者又和上级机构有良好的协作关系，告诫社区，帮助社区预防过激行为将会更容易。

一句话：对一些人可能出现的偏激情绪要有高度敏感性。要么提前发现情况，及时避免；要么及时采取行动，如更换掉容易偏激的人。

（九）忽视薪酬设计

怎样才能够保证修建好的工程设施能长期使用，让目标群体长期受益？当然是维护好、管理好工程设施，让工程设施能够长期不断发挥作用。但是很遗憾，很多地方做不到这一点，导致发展项目结束后没多久，很多工程设施就陷入瘫痪，如前文案例中"短命的饮水工程"。

问题出在哪里？有两个最可能出现的问题：一是工程后续维护成本没有出处，二是管理人员的劳动报酬缺乏来源。意思是，项目修建的工程设施要长期利用，是需要人维护和管理的。经常发生的事情是，安排了维护管理人员，但是没有任何报酬。没有报酬，就成了"又要马儿跑，又要马儿不吃草"。结果只能是马儿不跑，工程设施陷入瘫痪不能使用，受益群众刚刚体验到的获得感又没了。

又要马儿快快跑，又要马儿不吃草
怎么可能呢？

协助者必须关注这类建设项目的可持续维护管理机制问题。

第一，要长期使用工程设施，维护管理成本是必定要产生的。

第二，维护管理成本小的时候，可以发动志愿服务来解决无钱维护的问题。

第三，如果长期维护管理成本高，难以采取志愿服务方式来支撑，就必须设计和实施可以解决长期维护管理成本来源问题的可持续管理机制。说白了就是使用者付费，支撑设施设备的长期维护和使用。

第四，受益群体普遍存在的"搭便车"心态，让使用者付费维持系统持续运转变得非常困难。本来，付费得到服务是天经地义的事情，但很多人已经习惯了接受无偿服务，项目又错过了建立使用者付费制度的最好时机（在受益者最想得到帮助的时候，一起商量今后如何解决持续维护和管理的成本来源问题，形成可接受的管理制度），建立管理机制等一些该做的工作没有做，埋下了隐患。

第五，对于系统可持续运营，矛盾往往在于，一方付费意愿不足，另一方难以志愿无偿服务。这个时候，常见的不靠谱的帮助方法是，强调奉献精神，对相关人员进行道德绑架。过分依赖奉献精神是个坑，人家不情愿奉献就自然有各种办法减少无偿服务，服务质量下降是早晚的事情。

第六，靠谱的做法是设计合适合理的薪酬制度。基本原则是奉献精神和适当的薪酬相结合。实际上就是一部分无偿投入和一部分有偿薪酬补贴相结合。合适指能覆盖维持系统持续运营的成本，合理指大家都接受。要做到合适合理，没有好的协助者可能非常困难，这又是发展项目需要协助者的一个例证。一个独立中立客观公正的中间人来主持大家的协商，更容易商议出合适合理的可接受方案。至于什么方案是合适合理的，还是举例来说：有一个村，测算出维持系统正常运营的用工量是每年70个工日。经过商议，依据奉献精神与适当薪酬相结合的原则，确定了一个管理维护人员每年的薪酬补贴方法。一是每年按 60 个工日计酬，二是按当地用工价 60% 计酬。可见，提供服务的管理人员的"奉献"是清楚的，奉献了 10 个工日或 40% 的日工资。受益群众知道了奉献是什么、在哪里，报酬补贴不是工资，管理维护人员也不是无偿奉献，双方都接受，系统的持续运营就 OK 了。在不同的地方，具体的测算方式可能不一样，关键是目标群体和管理维护人员双方都能接受。

协助者应当对服务目标群体的当地成员报酬问题有敏感性。要注意提醒基层干部在恰当时间出面主持解决这个问题。防止出现不好意思讨论这个问题的情况。因为这个问题不解决好，管理小组或工程设施的持续性、有效性都会出问题。

（十）忽视财务可持续

假如你是受益群众，一个发展项目在你的村庄修建起灌溉渠，没用多久就坏了，因为无人维护无钱维护，你会怎么想？可能抱怨情绪大于获得感。这种状况就违背了发展项目的初衷。这种状况怎么可能发生？不好意思，还发生得比较频繁，主要发生在离群众最近的小型基础设施项目上。大项目因为可以通过市场化管理服务来赚钱，自然有人抢着去管理。小型基础设施项目如灌溉渠、人饮工程、蓄水池、生产性道路等，你就要警惕了，弄不好就发生无人管理、无钱管理的情况，最后陷入瘫痪。原因很简单，你还没有建立起可持续维护管理机制嘛。这是进村搞修建的工程队不会做的工作，是相关业务部门缺乏能力和精力来做的工作，是今后发展项目必须强化的工作，也是发展项目协助者的一个坑。

长期有效使用
依赖于强化后续管理
和确保持续维修成本来源

工程

管理办法

设施

　　对如何建立所建工程的可持续维护管理机制，上一节已经说得比较多了。这里再进行一些补充：

　　一是建立可持续维护管理机制的时机。一定要提前，千万不要等到工程设施完全建成、人们已经开始使用工程设施时，才研究今后的维护管理问题。人性使然，人们在处于有利位置的时候特别容易不讲理，到时你可能要付出更多代价，效果还不一定好。要利用人们想要但还没有得到之时的耐心，把所有难题都拿出来讨论解决，尽可能提前消除各种可能的隐患。

　　二是协助者要假装恶人思维，不断提醒可能出现的各种恶劣情况，让大家来讨论解决。这样做的好处是大大的。你把今后可能出现的各种丑恶行为都敲打了一番，以后谁还好意思使坏？大家提前商议好了今后的犯规行为如何处置，既是鼓励大家合作应对，也是借机培养大家公正做事和讲道理的习惯，成果多多。想想吧，如果发展项目只搞建设，不去做人的工作，结果就可能是条件越来越好、人心越来越乱。

三是一定要推动大家想清楚，如何为维护管理提供持续的财务支撑。方法不外乎以下几点：

（1）梳理可能发生的各种问题：会出现什么情况？发生的频率有多高？破坏性和损失多大？如何解决？解决的成本是多少？成本的来源？等等。（2）设计财务支撑方案：哪些工作由志愿奉献来支撑？哪些事情由收费来支撑？今后维护管理费用不足该怎么办？有哪些外部渠道可以利用？（3）有条件的地方，可以创建集体收益来支撑可持续维护管理机制。可借鉴的做法有：利用借款利息支撑草场可持续管理，利用小型企业支撑居住小区可持续管理。

（十一）忽视管理小组内部管理

发展项目修建的共用设施，只有管得好，才能长期持续发挥作用，大家才可能得到持续有效的服务。这时候，"目标群体主导"就体现为受益者管理或使用者管理。"大家的事情大家管"，大家要长期受益就要团结起来一起管，这是硬道理。但是，别忘记还有人可能存在"搭便车"心理。不是有句话说"大家管就是大家都不管"吗？责任不明确的"大家管理"就可能变成"无人管理"了。

大家管不是大家一起上，而是大家一起负责任，有板有眼地开展自主持续管理。逻辑上，大家管理"管理小组"→"管理小组"负责工程设施的日常管理→受益群众、干部和发展机构一起进行监督。这个有点拗口的管理"管理小组"如何实现？一是管理小组是大家挑选的，也是大家可以更换的。二是管理小组只能按照大家一起批准认可的规章制度进行管理。规章制度的变更也是要大家一起审批的。管理小组是大家通过受益者大会授权开展管理的。三是管理小组定期向大家（受益者大会或使用者大会）进行汇报，介绍前期管理效果，接受大家评议，提出下阶段的工作方案，在得到大家的继续授权后再继续进行日常管理，如此循环往复。

实际工作中，协助者容易忽视的是管理小组的内部机制建设，管理小组也容易从内部机制上出问题而开始溃败。"内部机制"说得太正式，说白了就是管理小组几个人的磨合问题。必须从一些看起来鸡毛蒜皮的小事情开始，建立大家的分工合作习惯。比如，管理小组成员到城里办事，要在城里住宿怎么办？吃饭怎么办？有的时候还给别人递了烟，又怎么办？如果不注意这种事情，往往是有人率先吃了饭、住了宿、递了烟，再拿回来报账，就可能开启小组成员内部相互抱怨模式，弄得不可收拾，或者解决了矛盾却留下了伤疤。

好的协助者会率先带领大家一起讨论各种可能发生的事情，针对可能出现的成本问题、报账问题、责任划分和小组今后的行事原则等进行多次反复的交流讨论。依据讨论结果，形成小组内部分工和办事程序。例如，有一个村的内部管理规定中就明确了外出办事必须住宿的时候，可以按每晚 50 元的标准来报销，吃饭每餐补助 10 元，买烟补助 5 元，小组成员外出由小组长核实才能报账，组长外出需要两个以上的小组成员签字才能报账。其实，每个项目所设计的内部管理制度内容都会不一样，关键在于要设计出群众能接受，小组成员能接受，容易执行的管理细节。

容易出问题的地方，一是内部管理规定流于形式。看起来什么都有，用起来什么都靠不住。有的人懒，直接从其他地方比如网上抄一个管理规定。结果可能是，表面上头头是道，但是瞄不准问题。二是操作性差。以为把话说重一点更有利于纠错，殊不知惩罚过度更难于落实。三是心太急。总想一次性就制定好所有规定，但这其实是一个边执行边补漏洞的过程。一次就做好的万全规定不存在。

抄来的村规民约不一定好使

★ 大家一起讨论制定的
★ 大家接受的容易执行的
★ 瞄准了真问题的村规民约
才是最终能够被很好地落实的

第五节　提前承诺是埋地雷

不管是想得到积极支持还是想减少最初的阻力，一些没有经验的人会忍不住提前承诺。然而，很容易出现说话不能算数的情况，失信于人后则可能出现难以预料的后果。比如一次修建村道，一户人家要被占地大致3亩，当时补偿标准低，这户人家提出要更高的补偿。苦于没有多余的补偿资金，又想尽快推进道路建设进度，一个乡村干部提出今后可以让这户人家多享受3亩的退耕还林项目补偿（可能是违规做法）。这户人家得到变相补偿的承诺后，让出土地修路，项目得以按时完成。万万没想到的是，第二年国家的退耕还林项目终止了。这说明，世事多变，提前承诺的好处有时也会因为偶然因素而鸡飞蛋打。这个故事中，因为承诺不能兑现，愤怒的农户找到那个乡村干部打了一架。

提前承诺是个坑。不可控的因素太多，提前承诺容易变成降低项目实施质量的一个重要原因。一种情况是你承诺了要在村社投入多少资金，但由于不可控因素，资金来不了村社，让群众对社会组织和捐赠方产生怀疑和抵制情绪。这种情况容易发生在村情调查和设计项目的时候。一种情况是承诺的资金多，到位的资金少，容易让群众感到失落。本来项目实施得好好的，但群众由于心态失落还可能在评估总结阶段给你打低分。

我们的体会是，在项目初期，绝不轻言承诺，也不必利用可能的资源优势、政策优势等来引诱群众。因为提前许诺有点像埋地雷，把别人的胃口钓得越高，人家今后的失望就可能越大。你可以比较两种情形：

一是提前承诺。你只有10万元援助资金，但告诉群众你们组织将投入20万元。群众前期可能更积极、更配合，但知道只有10万元真实投入以后就可能感到失落和不满意。

二是先苦后甜给人惊喜。你有 20 万元援助资金，但鼓励群众先做好 10 万元的事情，再争取余下的 10 万元外部资助到位。群众通过自己的努力得到的，就可能更珍惜，满意度更高。

但是，不提前承诺就意味着你面对的是群众的低预期。有些难点村社，群众不积极是难免的，你得准备迎接真实的挑战，面对真障碍，解决真问题，得到实实在在的项目成果。也只有这样，才可能激发内生动力，形成目标群体持续发展的能力，因为你没有走捷径。

第六节　处理不好村两委关系

在村里开展项目，又处理不好村两委关系，那不是自讨苦吃？但确实有一些人，在协调推进项目时处理不好和村两委的关系。至于原因，也许是态度问题，也许是沟通交流技巧问题，但这绝不是一个可以忽视的问题。

协助者要清楚认识村两委的角色。采用"目标群体主导"方式实施项目，建立目标群体公选的管理小组（共管小组等）来带领群众一起实施项目，并不是要排斥村两委，而是发挥群众力量自助管理，实现群众自助管理和村两委行政管理的有机结合。

村两委和管理小组主要有两大区别。一是层级不同。村两委是管全村大事的，管理小组是管部分群众具体事情的，如小型共用工程维护使用和小微公共事务等。具体而言，村两委没有精力来管理的、共同使用者愿意共管的工程设施、公共资源或公共事务，可以成立管理小组实行自主管理，以实现"共管共享"。二是性质不同。村两委是行政管理，以上管下；管理小组是抱团合伙管理，协商共管。因此，管理小组是在村两委领导和监督下的一个协商共管小群体。一方面应服从行政领导，接受监督；另一方面，受益者或共同使用者又要"大家的事情大家共同管"。如果协助者不注意，任由行政管理者和合伙共管者之间出现裂缝甚至矛盾，那绝对是引火烧身，自作自受。因此，协助者的一个重要任务是推动构建村两委和管理小组的良好互动关系。

这个良好互动关系主要体现在两个方面。一是村两委发挥了有效领导作用。有效领导不是只嘴上说说，而是扎扎实实有权威地做好4件事情：（1）主持建立管理小组；（2）为管理小组发挥作用协调好环境；（3）推动管理小组沿着正确方向开展工作，保障项目目标的实现；（4）监督管理小组——做事要公道，要公开透明地行使权力，不能违规违法，及时纠正不当行为等。二是村两委和管理小组能做到分工明确，做事不越界，合作关系融洽，有事时相互诚恳支持，等等。

促进形成村两委和管理小组形成"互相尊重、相互配合"的习惯，是协助者的艰巨任务。协助者以中立的立场和态度让大家坐下来，说出自己的想法，表达自己的担忧，列举可能的问题，共同梳理关键点，研究解决问题的办法。最终，形成大家达成共识的共同行为规则（合作原则）和明确的职责分工。大致的讨论议程是：（1）各自澄清自己的职责；（2）确定相互尊重合作的原则，如相互配合支持，关键信息要通气，重大变化及时通报，不斗气等；（3）澄清职责边界，如什么行为表现算是越权越界，最容易出现和最担心出现的越界行为有哪些；（4）对出现问题的应对办法；（5）把以上达成的共识尽可能形成文字。发生了什么事情该怎么办等可以写得清清楚楚，"先说断，后不乱"。

第四章

培育社区组织的坑
——任务式催生后患多

本章提要

◆ 社区组织是为"抱团"解决共同面对的问题而存在的

◆ 任务式催生的组织很难成为真正为自己做事的自组织

◆ 自组织集体领导机制是关键，否则"共管共享共治"难长久本章所讨论的社区组织，主要指与发展项目有关的共用工程、共同事务的群众自助管理组织，通常叫作自组织。这些组织不必正式注册。关键是瞄准大家共同的需求，抱团"共建共管共享"，解决共同面临的问题。

第一节　任务式催生社区组织

采用资源诱导和行政手段催生，运动式推进成立大量社区组织的做法，是值得商榷的。这类社区组织尽管成立的数量多、建成的速度快，但成长难，容易夭折和畸形生长，持续性弱。

用资源诱惑催生社区组织的失败风险很大，这种做法是有历史教训的。运动式孵化合作社，用资源当诱饵催生的合作社，绝大多数早就消失在风中。曾经见到一个"个体户合作社"，老板找到其他农户，要求配合他，说是加入了他的合作社，如果得到了上面的资金支持，他不会忘记乡亲们的好处。结果，他得到了政府资金支持，乡亲们的好处是搭他的便车销售橘子，搭他的便车购买便宜化肥，只有搭便车，没有实质性的经济合作和合作受益。还见过一种"行政合作社"，乡政府提供了宽敞洁净的办公室，办公设备一应俱全，乡村领导组成的领导小组名单显眼地挂在墙上，只是从来没有开展过一次合作行动，甚至没有过一次经济行动。这是当时全国各地大规模用资源诱导所催生的合作社大潮中的一朵浪花。翻这些旧账，是想引起你的高度警惕：资源诱惑和运动式催生的组织难以长久，是已经被历史一再证明了的事情。

资源诱惑容易催生虚假社区组织。前面提到的"个体户合作社"是虚假社区组织的典型。它并没有合作的愿望，没有要一起共管的内容，只是为了得到那一笔诱人的资金补贴。这种虚假社区组织很容易消失，一旦政策补贴资源到手，就开始分崩离析。你用资源诱导，我用虚假表演撩拨，假装附和你、配合你，等政策补贴到手后就"拜拜"。结果是，大量的虚假合作社存活于统计数据中，你完成了政绩任务，我把资金补贴骗到了手，国家资金打了水漂。

资源诱导、运动型推进成立社区组织的另一种弊端是，容易让一些正式机构产生建立下属社区组织的妄想。他会想，反正有国家资源支持，那就成立一家类似下属机构的组织，我有资源支持他，我有任务交给他，以后大家都轻松。殊不知没有一定独立性的社区组织就不应该叫作社区组织。资源有保障、以接受行政部门任务为己任的机构相当于事业单位，如果孵化出一堆伪事业单位来，能长期养得起吗？这种做法肯定和国家事业单位改革的方向是相矛盾的，也难保孵化的社区组织的公益性。

任务式催生的社区组织容易发育不良。任务式推进建立社区组织容易异化成"为孵化而孵化"。如果建立社区组织是为了完成任务和指标，而不是为了满足群众需求和解决痛点问题，那就违背了建立社区组织的初衷，这些组织也会忍不住抢速度野蛮生长。例如，为了抢时间上马而造成思考讨论不充分，规章制度缺乏共识支持，等等。

要避免任务式催生社区组织带来的缺陷，可以考虑：

（1）坚持需求导向。一定是有共同问题、有共同需求、有共同愿望，才建立大家合作自助管理的社区组织。

（2）坚持水到渠成。大家共同合作，解决共同的问题，就要按照大家的节奏，该一起商量的要商量够，该达成共识的要等得起，该先说断的要先说断。不是拔苗助长，而是顺势而为。避免出现为了完成任务，追求统一进度，而培育出先天不足、发育不良的畸形社区组织的事情。

不能针对大家的真正共同问题，完全依赖不可靠的外部资源而建立组织，其可持续性是不可相信的。未来在外部形势变动的时候，它很容易成为"后遗症"。

第二节　瞄不准问题就难得长久

按照受益群体"抱团自助共管共享"的定义，社区组织一定得有非常具体的管理内容，即"瞄准具体问题"。问题瞄准了，目标就清楚了。瞄不准具体要解决的问题，或找一个虚假的问题来瞄准，这种社区组织很可能是缺乏灵魂的，是来"滥竽充数"的。在孵化社区组织大潮盛行的时候，协助者千万不要忘记强化社区组织的问题瞄准性，否则早晚会出现生存问题。

在"最后一公里"，处理好以下 6 类最常见的问题，才能让社区自组织有机会发挥主要作用，解决问题和实现长期可持续发展。

（一）共用工程持续维护利用问题

有的社区组织可以瞄准国家和社会捐资修建的工程设施持续维护利用问题。

国家投资或社会捐资修建了一个共用工程，在没有市场力量承担服务的地方，就要推动受益者或使用者抱团自助解决工程设施（设备）的持续维护问题，让用户得到更持久的工程设施服务。不持续维护，工程设施要出问题，大家就不能继续利用和享受。这时候只有所有用户或受益户团结起来，实行"抱团自助共管共享"，共同从国家和社会捐资中，得到自己的"获得感"。在出现短命饮水工程的地方，当初就应该在国家投资建设起饮水工程后，立马成立一个管理小组来牵头管理饮水工程的长期维护和持续使用问题。如果是跨村饮水工程，则可以成立一个跨村用水户协会，对饮水工程实行共管。看到没有？这里没有强调实行地域管理，而是强调利益相关者共同管理。因为，从人性的角度，饮水系统一旦瘫痪就喝不上清洁水的人最着急，他们最关心饮水系统的管理，可以发动他们（利益相关者）抱团自助共管共享。工程设施如灌溉渠、村道等，持续维护利用等问题大致相同，需要切身利益者共管共享。注意，只要是共管共享，就得遵守平等协商、讲道理、公开透明、共同担负成本、实行群众监督、有事共同决定等基本原则。

（二）自然资源持续保护利用问题

自然资源的持续利用和管理，既是群众深切期望的，又是国家倡导的方向。社区组织可以在此发挥重大作用。

自然资源的特点常常把一些人捆绑在一起，如一群人共用草场，很容易形成公地悲剧。草场是大家共同使用的，各家放的羊是自己的。多养羊自家获利，但如果大家都多养羊，草场就会不够，形成过载，导致草场退化，最后大家都多养不成。所以共用草场的人必须合作，协商一致地去处理资源保护和利用的关系。痛点在于，不抱团合作肯定解决不好这个问题。而且，每次都会有破坏者角色出现，每次都会有大量的搭便车者观望。因此，推动大家建立一个能够带领大家合作共管的社区组织，是发展项目的常见做法。

相对于工程持续维护利用问题，资源保护和利用问题更复杂：一是保护和利用的矛盾更难平衡。二是有更复杂的社群关系，如跨村跨乡跨县共用草场的情况多，资源权属关系更复杂。三是涉及更复杂的知识文化系统。不同民族对资源保护利用具有多样的文化和习惯，传统知识经常是有利于纠正现代技术狂妄症和行政急躁病的。充分发动在地群众参与和发挥好当地传统知识文化的作用，有利于更和谐地处理资源保护和利用的关系。只是要注意，外部技术支持比较难于把握分寸，有时外部技术过度介入，有时则发生外部技术与传统社区知识不相匹配的情况。另外，容易出现推进节奏过快问题，这可能损害建立牢固共识基础的努力。一般说来，文化地域跨度越大，协商的工作就越难做。因此，小尺度的草原、森林、河流和渔业等保护利用问题，成立协调共管共享的社区组织是有利的；而大尺度的资源保护和利用问题，可以基于资源保护利用类社区组织，建立更高层级的半官方半民间协调机制，来帮助和促进在地社区组织实现保护与利用协调的目标。

（三）合作经济运营管理问题

合作经济是乡村发展的弱项。合作经济经营管理是等待社区组织真正有效发挥作用的天地。

历史上运动式推进成规模建立起的合作经济组织有合作社、小额信贷会（组织）和社区发展基金会（组织）等，这类社区组织从风潮盛行到所剩无几，过程令人唏嘘。这说明建立合作经济类社区组织的难度不小。

实际上，成立容易，长期治理难。关键点是带头人的私心。没有能干的带头人，闯市场的难度太大；对带头人没有合适的制约，时间久了带头人就可能膨胀，就可能让大家丧失信心。因此，集体经济类的社区组织必须两手硬，既要有能人做好市场技术工作，又要有好的治理结构维护集体共有和协商决策的框架。一方面，我们肯定是要支持群众合作搞发展、合作闯市场的；另一方面，我们必须承认，建立真正的合作机制是非常困难的，迄今发展工作者尚未找到有效克服合作经济组织治理不善问题的办法，至少在实操的时候是这样。

我们建议在推动建立合作经济类社区组织的时候，至少要追问几个问题：是至少两个以上的独立经济人之间的真正合作行动吗（共同行动）？组织是大家共同拥有的吗（共同拥有）？有公平的合作收益分享机制吗（共同受益）？合作的成本是共同公平分摊的吗（共同成本）？合作投资的风险是共同面对的吗（共同风险）？重大决策是共同决定的吗（共同决策）？所涉及的技术市场问题能够有效解决吗（有效技术市场）？

这里要注意，大家"抱团自助共管共享"变成了"大家抱团闯市场"和"利益共享"，规则有些变化。

一是大家共同拥有社区组织和让有特长的人来专门负责技术市场和运营并不矛盾，虽然处理起来有难度。

二是考虑到投资风险，应适当在收益分配方面向投资份额倾斜，但是有明显的边界限制。比如按照投资份额分配的利益逐渐减少直到完全没有。

三是利益分享虽然向投资份额倾斜，但决策仍然坚持集体票决制（如一个有更多投资的人，他的财务收益多，但合作组织表决时，他仍然和大家一样，只有平均票）。

四是外部援助资金要算成全体受益者的共同投资。要提前说清楚今后共同投资的收益如何处置以及由谁来处置等，这是落实社会公平和实现一般群众"获得感"的有效措施。

五是协助者更要注意隐退策略。在初期建立治理框架的同时，在市场和技术方面争取更多帮助是没错的。随着社区组织的能力成熟，协助者应逐渐弱化自己的帮助力度，让被帮助者真正自立自信，逐渐步入自主发展的良好阶段。

（四）社会生活共同事务管理问题

发展项目的硬件建设很大程度提高了人民群众的获得感，而在社会生活方面的共同事务管理的缺失，则让一些人不太满意，或者说降低、抵消了人民群众已经得到的获得感。社区组织可以多在社会事务共同管理方面发挥作用。具体而言，如卫生管理、治安管理和城市居住小区的电动车管理等就属于这一类，主要涉及群众在"安全""幸福"方面的获得感问题。

"大家的事情大家管"，管好了大家都舒服，没有人管的话就大家都难受，说不定还会出现矛盾，产生纠纷和冲突。成立社区组织实行有效共管，是有利于从源头化解这些矛盾的。首先是瞄准问题。其次是识别利益相关者。居住小区的公共空间是居住小区所有人共同使用的，那么就应该所有人共同设计、共同建设、共同管理和共同享受。找准了问题就容易分清楚人的边界。如小桥断了是以前天天要过桥的人难受，电梯坏了是电梯的所有使用者难受。我们的任务是推动这些当事者"抱团自助共管共享"。

难点在于协商出管理办法以及管理办法的落实。这种时候，平等协商很重要，反复磨合很重要，因为大家意见不一致的情况一定会发生。慢慢磨合、慢慢讨论，慢慢达成真正有效的共识，这时建立社区组织来实行管理就会水到渠成。说到这里，你没有发现需要一个中立的人协调大家吗？这个人一般是社会组织的协助者。派出一个协助者，协调大家"抱团自助共管共享"，建立起解决问题的机制，推动社区组织自主长期管理，这是社区组织为和谐社会建设贡献力量的一种重要路径。

（五）文化兴趣爱好如何活跃的问题

增加获得感有不同渠道。在完善建设、改善服务做到一定程度以后，如何满足人民群众多样化的"文化兴趣爱好"需求，也是非常重要的群众工作。一些社区组织可以在这方面发挥重大作用。

民族地区的拜山、转山、赛马等活动，多由文化兴趣类社区组织承办。城镇坝坝舞团体是这一类组织的典型。这是由兴趣和爱好聚集起来的人群，领头人的作用非常明显，因为他／她往往具有技术和兴趣双优势，当然也要有威信。相对而言，这类组织的成员黏性更弱，组织的边界更模糊多变。在人口密度大的地方这种组织开始有市场化的一些动作。由于运行成本低，这类社区组织有持续时间长、成员变动大的特点。发展项目往往也支持一些文化兴趣爱好类社区组织来壮大声势和增加群众认同，如支持建立保护文化小组、传统种子保护小组、森林文化研究小组等。

文化兴趣爱好类自组织的任务，更多是活跃社区文化。只要大家能抱团一起玩、不搞窝里斗，就容易有持续性。

（六）志愿服务的持续作用问题

相互帮助、多样化的志愿服务，是和谐社区的一个重要标志。有条件的发展项目应该尽可能关注活化社区志愿服务的问题。

志愿帮忙是人类的天性。所以这类组织的自发性很强，生命力也很强，是增加社会温度的有力支撑。难点在于，如何把志愿帮助者的兴趣和能力与社会弱势群体的具体需求有效结合，增加志愿行动的瞄准性。

另外，帮助也有道，也有"送鱼""送渔"和"激发内生动力"的区别。

此外还应注意，志愿服务类社区组织应该有良好的成长性，在观念视野变化和外部机会的撮合下，它们更容易成长为社会组织。

第三节　注意区别"自组织"和"他组织"

发展项目在支持社区组织的时候，实际上有支持"自组织"和"他组织"的区别。

所谓自组织，是群众或受益者自己的组织，是"一群受某个具体问题困扰的人抱团自助共管共享"的组织。这种定义决定了，自组织是大家的，是大家共有的，所以组织的最终决定由大家共同做出。只有这样，才有利于大家一起"抱团"面对和解决共同的问题，长期和谐"共管共享"。

所谓他组织，指目标群众并不拥有这个组织。外边的人控制组织，外边的人有最终的决定权。有点像某些大公司到某地开办居民服务点。他组织可以快速提供和改善某小区的某种服务，但服务对象的角色有点像"顾客"，可能缺乏"抱团"动力，可能对组织的长期发展考虑较少，对和谐"共管共享"的贡献相对较小。

这里不是要讨论自组织和他组织谁好谁不好，而是提醒实操手对自组织和他组织的区别要心中明亮。

支持他组织可能是帮助某外部社会组织增设"在地服务点"，可能更有利于快速改善服务，可以快速完成"孵化"任务；支持自组织则是瞄准难点问题的改善治理，是难做的群众工作，因为要协调、引导和陪伴受益群众长期"抱团""共管共享"，比如要解决如何共同做决定的问题等。

难度不同，效果不同，协助者要注意不打糊涂仗。

第四节　自组织集体领导是难题

大家共同拥有自组织是解决问题和持久"共管共享"的需要。但是，说话容易做事难，如何实现自组织的集体领导，是很大的难题。一群被共同问题连接到一起的当事人，地位平等，又只能协商共议，共同做决定，很容易头脑太多嘴太杂，"艄公多了打乱船"。

处理好自组织集体领导和具体做事团队的关系，是自组织持续有效运作的前提。

一个办法是，以"共同拥有者大会"体现集体领导。由于"大家的事情大家管"容易出现混乱和无序，也不可能所有人一起做事，因此采用所有人一起开会决定大事的做法，来体现大家的集体领导。即以"共同拥有者大会"来当"主人"，以"日常管理团队"来当"管家"，实行"主人"委托和监督"管家"具体做事的"共管共享共治"体制。在对饮水工程的共管上，"用水户大会"是"主人"，公选的"饮水工程管理小组"是"管家"。在对居住小区的共管上，这个居住小区的"业主大会"是"主人"，而公选的居住小区"业委会"是"管家"。在对草场可持续管理的共管上，共用这片草场的所有"牧民大会"是"主人"，公选出的"草场可持续管理小组"是"管家"。

公选是为了找对干活的"管家"。委托"管家"管理或授权"管家"管理，"管家"才有干活的权力，而且干得不好，"主人"是可以辞退和另找"管家"的。

在实行"主人＋管家"的"共管共享共治"体制时，"主人"大会是最高决策者，拥有最后的决定权力，负责管理大事情。如公选确定业委会成员，制定和修改居住小区的管理规章制度，决定公共财产和资源的安排使用，规定业委会的权力空间和运营原则，收多少物业费，规划多少年度资金预算，是不是要改绿地为停车场，公共空间怎么设计和使用等，均由"主人"大会做决定。"管家"是受"主人"委派的具体做事团队，按照"主人"大会授予的管理权限和批准的管理机制和管理制度来开展日常管理活动。当然，为了方便管理，"主人"大会要下放一些权限，让"管家"可以根据具体情况相机灵活处置，如路灯坏了要换灯泡，水管坏了要及时修理等小事。注意，这里没有提及物管公司。物管公司只是"管家"（业委会）从市场上雇佣的服务提供者，服务不到位可以随时更换，按市场规则进行管理。在业委会购买了某物业公司的服务后，业委会就可以把换灯泡等具体管理事务移交给物业公司了。

自组织集体领导的机制，对于社会管理意义重大，因为容易实现政策资源和目标群众自主管理的有机结合，有利于解决"最后一公里"的社会管理难题，是真正的从源头解决矛盾和问题。而且解决问题的过程，是群众自助能力成长的过程，解决问题的方式是群众喜欢的和能接受的，后遗症少。

不过，建立自组织的集体领导机制，对培育社区组织的协助者是有难度的。如果在一开始就没有"主人＋管家"的"共管共享共治"思路，就可能忘记推动大家讨论和考虑自组织的权属、谁做最终决策、谁向谁汇报负责等问题。随后就可能出现"管家"误以为自己是"主人"、"管家"轻慢"主人"的现象。最终就有可能陷入"主人"不能更换"管家"，"管家"服务越来越差，一部分"主人"开始少交拒交"物管费"，收费越来越少后"管家"服务越来越差的恶性循环。

因此，有经验的协助者，一定会致力于推动建立"管家"定期向"主人"大会汇报的制度，"管家"必须每年在"主人"大会上公开财务情况，汇报和说明职责履行情况和阶段性成果，接受所有业主的监督等。这样年复一年，自组织的集体领导机制得以维持，"共管共享共治"也能持续。

第五节　缺乏财务可持续性考虑

在孵化社区组织的时候，不太考虑这个社区组织的持续生存，是很多孵化者的通病。所以我们说，社区组织孵化容易生存难。

一个正常生存的社区组织要正常做事吧？要做事就有成本发生吧？发生的成本要有来源吧？一个社区组织的收入和支出要做到平衡，才能实现财务可持续性。社区组织对待运营成本大致有3 种方式：

一是不做事，不发生成本。"假"社区组织大致如此（实际上还是可能发生一些成本的，如机构年检费用等）。

二是低成本做事。用最小成本来办事，用志愿行动来覆盖成本。对于小尺度共用工程、自然资源持续管理、公共空间管理等简单事务，容易采取这种方式。一般是靠带头人和少数精英用无偿劳动来冲销低成本。好处是还在持续运作，缺陷是很多群众只满足于"搭便车"，在责任感和内生动力方面可能效果有限。

三是有效做事，且解决了做事成本问题，实现了财务可持续。做事成本从哪里来，是需要创新性思考的问题。可以大家分摊，可以根据服务收费，可以社会募捐，可以开辟创收新渠道。如收人头费、物业费、车位费，共有资金资产运营，争取业主募捐，兴办小企业创收，等等。基于"利益相关"的"抱团自主管理"，在实现有效做事和持续财务平衡的基础上，还可以把富余的收益更多地用于共同的公益活动。如支持当地节庆期间组织群众活动、支持村民骨干外出培训学习、支持村民在外开展营销活动等。通过"参与式"和"目标群体主导"，逐渐推动形成"有效、持续"的社区自组织，是我们今后努力的方向。

基于对可持续性的追求，协助者应该在培育孵化社区组织之初，就高度关注自组织的财务可持续问题。因为缺乏财务可持续的社区组织，前景堪忧。

第六节 忽视社区组织能力建设

社区组织后续发展乏力，往往是能力不足造成的。有些人在催化建立社区组织的时候，以为选对了人就成功了一半。再给予一些培训机会，好像能力建设就大功告成了。殊不知，社区组织的能力是陪伴出来的，是在做事的过程中边干边学，结合实践机会逐步锤炼和领悟出来的。

为避免出现"只管孵化、不管培育"社区组织的情况，确保社区组织不仅能破壳而出还能茁壮成长，可以从以下5个方面重点关注社区组织的能力建设。

第一，强调价值追求。没有价值追求，服务精神很难长期保持旺盛。社区组织首先要看到自己在国家有效治理中的作用。社区组织肩负的任务是：克服"最后一公里"障碍，把服务和政策优惠送达最远端需求者；解决最小但最常见的社会管理问题，即社区具体问题的管理，提供最小细胞的治理功能和优化具体公共事务管理服务；从源头缓解社会矛盾和改善社会关系。社区组织是国家凝聚弱势群众的机构手段，是社会主义核心价值观的直接践行者。提供和改善社会服务，促进有效社区治理是社区组织的天然使命。

社区与社区治理

社区：社区的概念具有复杂性和多样性，容易混乱。有时候所提及的社区（居委会）是行政管理的一个层级，是具有行政权力的行政机构；有时候提及的社区指由利益连接的社群，这时强调共同利益连接的社群团结合作行动，互助和互益解决切身问题，摆脱自己难以解决、市场难以解决和行政难以解决问题的尴尬局面。如果没有专门说明，本书的社区概念是指利益连接、需要互助共管的社群，即共同体社区。

社区治理：社区治理指共同体社区的平等合作管理。有一些社会事务，如居民小区的公共空间管理、公共设施维修管理、汽车电动摩托车管理等，在政府没精力管、市场不盈利不愿意管、个人无能力管的时候，就得由当事者共同管理。因为没人管就会出问题，没人管就会让大家苦不堪言，没人管就会使小问题演变成大问题，严重破坏社会和谐稳定。问题是大家如何共同管理？这些当事者没有上下级关系，没有确定或有保障的资源支持，大家只能商量做事，一些人没想通的话可能所有人都走不动。本书的社区治理指一群地位平等的人通过协商进行公共事务管理，这是从政府行政管理到"私人事，私人管"之间的过渡地带，是政府管理和"大家事情，大家共同管理"的交错地带。这些公共事务往往是，当政府人力财力足够时政府就直接管理，当政府资源和精力不够时就放权给利益相关者自助管理。在处理共同体社区具体事务时，当事者要共同商量和集体行动，因此我们说共同体社区治理具有两大特征：一是当事者"协商民主"或"多元共治"；二是尊重大家的节奏，一定要在大家想清楚有共识的基础上才能推进，否则常常欲速则不达。

第二，注重从改变行为方式开始提高能力。成立社区组织在很多地方是前所未有的事情，一些过去的行为习惯按照惯性发生的话，会对社区组织有效运营产生很大干扰，出现很多难以掌控的局面。因此，聪明的做法是对行为方式进行一次重启。无论过去发生过什么，从社区组织成立之日起，要用全新的行为模式开展新的社会管理生活。一是社区组织成员讨论，有哪些事情今后不能容忍、不能做；同时，为了今后更好地运营，社区组织管理人员应该怎么做，才对社区公正公平提供服务和改善治理有帮助。罗列和穷尽所有可能发生的负面行为方式（不许发生的行为方式）；罗列和穷尽所有想得到的、鼓励采取的正面行为方式（鼓励成为今后习惯的行为方式）。二是大家表态今后做什么和不做什么，承诺遵守和履行新行为方式，不受历史负面事件影响，今后要坚持向旧行为方式习惯说不。很多时候，承诺遵守自组织内部管理规则，让社区组织开始全新的行为方式，创造社区组织运营管理新气象，是好的开始。

第三是提高环境协调能力。一方面，在开始时要为社区组织协调政府环境，如推动适当放权，授权社区组织放手工作；另一方面，要注意把握节奏，逐渐建立社区组织自己的政府协调能力。例如，在培训时把社区组织成员和村两委、行政社区成员聚在一起培训，推动相互磨合和配合，相互适应角色和培养打交道的习惯。此外，社区组织的长期发展离不开外部专家支持和技术服务。要推动社区组织在运营中形成协调外部支持的能力，包括协调外部技术支持的能力。有一件事情千万要谨慎，就是在帮助社区组织形成能力的同时，不能养成他们的依赖性。例如，有的人帮助合作社连接市场，结果就成了合作社的推销员，离开他合作社的产品就卖不出去了。

第四，要特别重视社区组织动员受益群众相互志愿帮助的能力。不能忽视其他利益相关群体的参与，最好是吸引他们作为社区组织的同盟军。能够做好受益群体的发动、志愿帮助和资源人力活化工作，社区组织才能够更好更长久地存活和发展。

第五，关注社区组织的项目设计和实施能力。项目设计前一定要进行调查，结合资助方意愿、社区需求和机构能力进行思考。想清楚：如何做事？先做什么后做什么？做成什么样子？什么时候做？谁去做？需要什么支持？等等。简洁清晰的项目建议书，群众参与和社会公平的视角等，是好项目设计和实施的重要内容，在此不赘言。

关注社区组织能力建设

价值追求　行为方式改变　环境协调能力　动员活化社区能力　项目设计和实施能力

第七节　被"高大上"要求忽悠

　　社区组织是新生事物，相关管理方还处于管理和磨合的试错阶段。最容易发生的事情是，对社区组织提出看起来"高大上"、实际上"不靠谱"的管理要求。稍不注意，迷迷糊糊跟随，社区组织就可能被带偏，甚至变得畸形。因此，要对相关管理方看起来"高大上"的管理要求保持警惕。

　　如财务对票据提出过分苛刻的要求，可能导致社区组织只能"做假账"。税务提出的公益捐赠资金的纳税问题，有可能既不合理合法又浪费宝贵的公益资源。在早期，有的审计人员用企业财务账来要求社区组织的财务。你达到了他的要求，就说不清单个项目的财务情况了。有的时候，社区组织由于财务拮据，在设计项目和写项目建议书前不去现场调查，在办公室凭想象安排了一些项目活动，结果项目一旦批准，发现项目活动不合适时就调整不动了。因为有人会要求你，每分钱都按照项目建议书上的财务预算表来开支。当然这是根本不可能的。这些人对社区组织应该如何管理还没有吃透，你还不能直接拒绝，因此是麻烦多多。可能的解决办法是，多和具体管理人员沟通协调，有时邀请他们到项目实施地现场考察，有时把能够找到的相关资料送过去，供他们多阅读、了解和理解，有时也把国际上关于这件事情的讨论翻译出来，送去供他们参考。这样做的话，他们一般都能通融，免去了社区组织的很多麻烦。

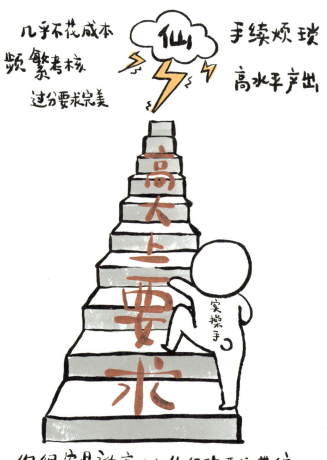

几乎不花成本　仙　手续烦琐
频繁考核
过分要求完美　高水平产出

高大上要求　实操手

你很容易被高大上的行政要求带偏

第五章
项目调查的坑
——调查不足看不准

本章提要

◆ 项目调查踩坑，不仅看不到"真实"，也可能把发展工作者变成"心高眼拙"的糊涂人

◆ 避开最常见的 12 种坑，得到的项目信息更真实有效

◆ 项目调查是需要精心设计的，分析框架、访谈大纲和（口语式）提问大纲，功夫越深效果越好

◆ 很多重要信息是从每日回顾中讨论发现的……

本章开始关注和讨论具体实施发展项目时容易遇到的具体的坑。

项目起源于调查。在最初的项目识别阶段，一般是通过调查了解需求，为确定发展项目做什么和怎么做提供设计依据。然而，调查不足是一种常见病。

调查不足影响项目设计，进而影响项目实施质量。有的地方为节约调查成本，少做调查或不做调查；有的地方派出没有实际技能和经验的人来搞调查。结果是把项目设计置于不真实信息的基础上，为项目正常推进埋下各种隐患。

项目调查，作为进入发展项目领域年轻人要做的第一项工作和要学的第一个实用技能，具有举足轻重的地位。如果在这一阶段没有练好基本功，没有养成好习惯，就可能一辈子陷入"心高眼拙难成事"的状态，对国家的损失大，对个人的伤害深。只是，眼盲的"柯大侠"自己不知道罢了。

☆ 先入为主
☆ 忽视破冰
☆ 不会处理干扰
☆ 不会提问（包括不会倾听）
☆ 封闭式提问
☆ 迷信统计数据
☆ 调查时突然情绪爆发
☆ 只听精英的
☆ 小组配合不好
☆ 沉溺于工具
☆ 忽视每日回顾
☆ 忘记调查目标
☆ · · · · · ·

本章列举了项目调查阶段最容易踩的坑。项目调查本身是很好玩的事情。如果你经过提醒，多加注意，不去重蹈覆辙，就更好玩。那种在纷乱中能够清楚识别"真实情况"的感觉，值得你这个未来的调查高手抿嘴一笑。

第一节　先入为主

先入为主指还没有开始调查，就已经有一些"调查结论"了，这会影响调查的正常开展。有的地方我们还没有去过，那这个先入为主的"先"从何而来呢？一部分来自你脑子里的刻板印象，如"那儿的人穷""穷人都很懒"；一部分来自你去之前获得

的外部信息，如阅读的二手资料，在地官员给你的介绍，陪同人一路上给你传递的观点，等等。提前了解信息并没错，只是不要将其变成刻板印象，影响你的项目调查质量，误导项目设计，导致群众最迫切的需求得不到及时关切。

先入为主可能在思想意识中阻止你深入了解和追问，导致你失去有效信息。如在居住小区调查，去之前有人不断向你强调，这里群众的需求是建立儿童中心；在乡村调查，有人不断向你传递信息，这里的群众迫切想发展某个产业。其实，这些都可能是当地行政领导或干部的一些想法。而项目调查的目的是了解真实

情况，如群众迫切想解决的问题，解决这些问题的支持条件等，帮助我们设计项目时更能瞄准群众的需求。因此，在调查时应牢记调查目的，打破刻板印象，按照调查逻辑展开调查，该深入追问的时候要深入追问，该反复核实的时候要反复核实，直至达到调查目的。对于那些想影响调查结果的人，在尊重的态度下保持清醒，排斥可能的调查干扰。也可以安排专门的时间和想要影响你的人讨论，既能多了解情况，又可能对他有所安抚。

一定要注意，项目调查时，不要抱有"我知道你们要说什么"的想法，也不要片面地认为"这个小区的人都不关心小区管理"，"这个地方的移民户拒绝融入当地社区"，你的态度应该是"请告诉我，针对我的问题，你内心的真实想法"。

破除先入为主的方法很简单，就是不预设观点，专注事实，学会倾听、理解真实的表达，并多方核实。多方核实是指多问问不同角色的人，本村的、外村的，受益的人、非受益的人，管理人员、服务对象，多听听不同的观点说法。

说实在话，调查时勤快一点是有价值的。你多走一些路，多见一些人，有技巧地多聊一会儿天，那些掖着的、藏着的就都能见到了。能走到现场看一看，问一问，调查的信息就更真实有效。况且，深入调查是一件愉快幸福的事情，特别是在农村，秀丽的风景和有趣的风土人情，常常会让你流连忘返。

第二节　忽视破冰

有次带新手做农户调查，别人还在寒暄和介绍访谈目的时，他就迫不及待地提问了："你们家去年人均纯收入多少？……"一系列冒昧突兀的问题让被调查者怔怔了半天，回答不上来。

入户调查的时候，切忌一开始就很正式地提问。经验告诉我们，面对陌生来访者，很多人还是放不开的，有的人还会有戒备心。即使有陪同来的当地干部或工作人员，一些疑惑也会增加被访者的紧张情

绪，他会在内心猜测：这帮人是来看看谁能够加入低保的？是不是来评选贫困户的？是不是来征地压价的？等等。搞不清楚这些情况，他就难以确定接待你的态度，即使陪你去的人或你自己有所介绍，但在刚开始的紧张情绪中，他往往听不真切。你需要给被访谈人一段时间来缓和情绪，帮助他理解突如其来的访谈，后面的访谈才能更从容和更真实。如果被访谈者对你有疑虑，甚至不接受你，你的访谈调查质量就有问题了。为了消除和打破刚开始可能存在的防范意识和尴尬气氛，入户调查一般有一个气氛缓解阶段，我们叫作"破冰"。破冰就是暖场，是在进入正式主题前降低姿态，用一段轻松的谈话拉拢关系。是否做到破冰，有一个可以参考的信号，就是大家笑起来没有。被访谈者能够会心一笑，问问题就变得容易了，再加上访谈技巧，回答就可以在没有戒心的氛围中进行，调查到的信息会更真实有效。

　　破冰的方式很多，也因人因场景而不同，一般是夸一夸小朋友，表扬学习成绩好等。可以从家人的照片开始，也可以从被访谈者正在干的事情开始，充满兴趣地、和善亲近地找些被访谈者愿意谈论的话题拉家常，让他在心态平和的回答中找到自信，开始以自如的态度来回答你的提问。

破冰最后的办法是自嘲。调查新手可能不知道该如何破冰，这时可以从自嘲开始想办法。提前准备一两个介绍自己的自嘲段子，实在没有办法的时候就以自嘲渡难关。因为急时找"梗"难，关键时刻自嘲更容易把人带笑。我们就是这么过来的。

记住，破冰不是可有可无的，面对陌生人，人们的耐心会少很多，回答就更敷衍。

第三节　不会处理干扰

入户调查的干扰主要有三种：一种是带路人的干扰，一种是翻译的干扰，一种是入户访谈时其他人（非访谈对象）的干扰（如儿童哭闹）。之所以说是干扰，一是可能带给你错误的信息，二是可能耽误你的时间。你在社区调查的时间很有限，浪费了调查时间就是减少了调查内容。

（1）带路人的干扰。稍微正式的调查，一般都会有在地正式机构的人陪同，这是不成文的约定。但在地正式机构的人会有自己的想法，有的人觉得你要问的问题他都知道，你问他就行，他觉得自己回答得更好更准确。结果，你问被访谈者一个问题，带路人就回答一个问题。如果不注意，可能你半天时间的入户访谈，除了被访谈者姓名不一样，其他内容都一样，都来自带路人，你完成的是一次对带路人的"完美"访谈。很多时候带路人也是有目的的，如他想向你强调这个村（也许是他的家乡或某个领导的家乡）特别适合你支持，特别适合开展某种产业开发项目等。这样下去，你就可能把某一种人的需求当成全部被访谈者的需求或问题，而把其他潜在的目标群体给忽略了。

（2）翻译的干扰。在民族地区调查是需要语言翻译的。翻译不是问题，但是有的翻译人员有一些家乡情结，自己有观点要表达。因此，把翻译和表达自己的观点混为一谈，让你分不清楚是被访谈者的信息还是翻译人员要表达的观点，导致信息紊乱。

（3）入户访谈时其他人的干扰。入户访谈调查时，免除不了一些小干扰，如小孩的打断、邻居的插嘴，如进行小组访谈时有的人不停地说而占用了全部访谈时间等。有的干扰是访谈者自己没有经验造成的，如半路拦住一个背负重物的人又忘了让人家放下重物就开始访谈等。

项目调查时，提前考虑如何应对可能发生的干扰，会更节约时间以瞄准关键调查问题。

一是对带路人和翻译人员，在前往调查地点的路上，防止调查干扰的工作就该开始了。你要让带路人或翻译人员清楚你的调查目的，明确要求他怎样帮助你。帮助的办法就是不要代替被访谈者回答。对翻译人员，要求直接传话，就是你说了什么就用民族语言说给对方，对方说了什么也直接翻译过来，即使骂人的话也照样翻译。告诉他翻译工作就是直接翻译，如果出现难题是调查者要自己处理的问题。对于带路人和翻译人员想要表达观点的需求，肯定要有所回应。可以在没有调查对象时让他们表达，也可以安排专门时间访谈他们，把他们也作为调查对象进行专门调查。二是对入户访谈的人员干扰，准备点小玩意安抚小孩，对其他插话者，如果愿意也可以等会儿单独访谈。有次访谈，旁边有个人总爱插话。等到访谈他的时候，发现他只是这家的亲戚。尽管这样，我们还是把他知道的、听到的和理解的信息都"掏"了出来。有的时候，在访谈中围了一群人，我们干脆把入户访谈变成小组访谈。有一次开群众大会，有一个人从头到尾说个不停，其他的人没有机会说话，一个调查者干脆单独去访谈他，把大会调查机会留给更多的其他参会者。

处理调查干扰是一个有技巧的活，因为你必须尊重别人，维护别人想表达的热情。

第四节　不会提问（包括不会倾听）

看到题目，有人会哑然失笑，提问还不容易吗？其实真的不容易，在社区调查中提问是一项技术含量很高的工作。我们先说说项目调查提问的四个基本要求：一是符合调查目标，二

是符合分析框架，三是依据访谈大纲，四是有技巧地做开放式提问。建立这个提问的框架结构，是为了方便调查者围绕调查目标挖出更有用、更有效的信息，为项目设计打下牢固基础。

第一，不忘调查目标。每一次调查都是有具体目标的。有的调查是为了找出群众需求和问题，有的调查是为了识别项目活动和设计项目，有的调查是为了评价、评估、总结项目。为调查而调查，是初学者常犯的错误，以为问到了什么就是有效信息。有的人到乡村调查几天，带了一堆乡村八卦回来，对调查目标贡献很少。在会调查的人眼里，遍地都是有效信息。围绕目标调查就是强调调查要有所侧重，因为时间资源人力总是有限的。调查目标可能是了解在地困境人群生存情况，了解流动人口的社会融入情况，识别村社可能开展的妇女发展活动等。牢记调查目标才能不把精力分散，避免关键问题调查不深入的情况发生。

第二，不忘分析框架。在社区调查前，围绕调查目标，首先要确定分析框架。分析框架指调查分析哪几个问题才能实现调查目标。如调查目标是了解社区流动人口的生存状况，就可以把调查目标拆解成：（1）居住生活情况，（2）就业特征，（3）社会融入状况，（4）社会服务政策享受情况，（5）来源地管理特征，（6）面临的困难和问题，（7）最迫切的需求，（8）对今后改善生活的想法和建议，等等。通过这个分析框架举例，我们明显能够看出，回答了分析框架中的 8 个问题，就能基本实现了解社区流动人口的生存状态这个调查目标。在思维导图中，如果调查目标是主干，那么分析框架就是大树枝，表明必须研究那几个大问题，才能实现调查目标。但是要注意，分析框架是比较宏大的问题，在社区调查中难以直接提问。你总不能直接问一个人"你是一种什么社会融入情况？"吧。

第三，不忘访谈大纲。访谈总要提问题，要让你的问题不是乱糟糟的，就应该设计一个访谈大纲。把你想问的问题分门别类有逻辑地列出来，就构成了你的访谈大纲。关于流动人口的社会融入问题，面对被调查对象，有哪些问题可以问呢？你可以关注他的邻里关系，他参与城市小区活动的情况，加入邻里互帮互助的情况，享受本地福利的情况，社会服务中是否遇到排斥现象等一系列问题。最后，汇集所有人的答案，一起分析流动人口的社会融入问题。在思维导图中，这些访谈提问是小树枝，指导你最后如何向被访谈者提问。

第四，要用口语方式提问。走到这里，才开始触及"不会"提问的问题，前面都是铺垫。一个项目调查提问，最容易在这里掉坑，因为初学者容易对照访谈大纲，照本宣科，念出一个个纸面问题，结果在多样性的回答面前卡壳，陷入"他不知道你问了什么，你不知道他回答了什么"的尴尬局面，有效信息擦肩而过你还浑然不觉。我们强调，好的提问，关键是以口语方式提问，要把提问大纲中文绉绉的书面语"翻译"成你在访谈交流时正常的对话方式，实际上就是"说人话"。如果不好转换就拆解，把一个提问变成几个提问，只要被访谈者的回答能满足提问的要求就行。只会用口语方式提问还不够，你还必须会开放式提问，不要封闭式提问（见下一节）。如果被访谈者说了什么你听不懂的，就必须反复"翻译"询问，把你听懂的"翻译"成对方能够听懂的，核实他是不是表达了这个意思，通过解译反馈来弥补听不懂的缺陷。

不会提问是个奇怪的坑，没过时很难，一旦过去就能行云流水操作自如了。祝你早日过关。

第五节　封闭式提问

封闭式提问是一种限制被访谈者思维的提问方式，主要的提问句式用"是不是""好不好"等来进行回答限定，让人感觉提问者预设了回答内容。比如"你们家是不是需要我们的帮助？""我们来替你们修一个沼气池好不好？"对这种问题，被访谈者只能用是或不是，好或不好来回答，有点像学生考试中的判断题。现实生活中尽管也有一些只需判断对与错、是和不是、好和不好的状况，但大部分事情都需要更多思考和回答的空间。比如：是谁？什么时间？什么地方？做了什么？怎么做的？效果怎样？等等。这样就给被访谈者很大的思考和表达空间，避免了预设回答内容，限制被访谈者的思维和表达，减少信息反馈量的情况。

封闭式提问的反面是开放式提问，即不限制被访谈者的思维和回答空间，被访谈者只要回答自己的现实状况或内心想法就行了。如"你认为你居住的小区现在最大的困难是什么？""你们最想别人怎样帮助你们？""你觉得饮水系统应该怎样管理？""你觉得怎样才能改善小区的治安和卫生状况？"这种提问方式能够得到更有效的信息，也更容易帮助被访谈者进行更深入的讨论和思考。

时不时有这种情况，有的人张口就来统计数据。农户访谈的时候，也不断地询问农户统计数据，让调查过程陷入尴尬。

一种情况是，有很多农户没有精确把握数字的习惯，如亩产、收入等，很多被访谈对象都说不出来。还有一些农户对于山上养了多少只羊、多少头牦牛，也不一定说得出来。这也不能怪农户，因为有的牲畜是在山上下崽的，如果有狼捕杀牲畜，谁能够说得清楚当天牲畜的数量呢？牲畜数量是一个变化的数字。其实，农户说不出统计数据没有多大的关系。但有的人，偏偏喜欢在整个调查过程中不断地和别人不清楚的数据"搏斗"，让访谈对象不胜其烦，有的干脆扬长而去，有的则胡编乱造，让项目调查陷入无效的忙乱，也耽误很多时间，直接影响调查的成效。

还有一种情况是，热衷于为农户计算有多少地，种了什么，养了多少牲畜，卖了什么，销售收入，等等。很多调查者喜欢在村庄研究人均纯收入这个数据，而这个数据又恰恰难以调查清楚，特别耽误事。有一次，有一家社会组织请了两个大名鼎鼎的经济学家到项目点帮他们总结项目经验，结果两个专家花了一天的时间只调查出两家人的经济收入，还不一定准确。因为秸秆多少钱一斤，自己消费（用掉）的产品该不该按市场价计算等，专家和农户实际上有分歧、有争论，不可能得到一个大家都认可的结果。而很多追求统计数据的专家，对公开透明的项目张贴告示、有效控制牲畜养殖数量的村规民约和认真用好每一分国家投资的群众努力等，几乎视而不见。

对发展工作者而言，统计数据是需要的，但是还没有需要到这种精确程度。如果时间和经费都没有问题，收入调查精细一些也没问题，只不过调查的人要多花费一些成本而已。希望发展项目研究者更关注发展项目的实操过程，清楚了解目前农村统计数据的无奈。从操作的角度，以后可以多用乡村快速调查法（RRA, Rural Rapid Appraisal）来了解村庄的基本特征、面临的问题和群众的愿望和需求等，作为调查经费匮乏的弥补措施，规避乱用统计数据的弊端。

实操时，比较精确的统计数据可以从村两委处查阅，项目区特征、问题、愿望等数据用乡村快速调查法则能基本满足发展项目设计的需求。

个别调查者在调查时会突然情绪爆发。典型表现有四种现象：

强加外部观点给社区

突然指责和争辩

突然介入地方矛盾

迫不及待提建议

调查时突然爆发

第一，强加外部观点给社区。这种调查者，在走村入户开展调查时，会把自己的观点强行说成是被调查者应该持有的观点。或引诱群众这样说，或把群众的不同意见自行进行解释和归纳。这当然是错误的，也是对项目设计和社会和谐不利的。

第二，突然指责和争辩。调查者忘记了自己应该是一个客观中立的调查者，以调查客观的基本事实为主要目的。有的调查者在调查过程中，当发现有自己不喜欢的观点或思路时，立马情绪发作，当场指责和批判被调查者。作为调查者，听到了自己不喜欢的观点或思路该怎么办？甄别观点和表达正确与否，不是调查者现场调查的任务。调查者没有必要去和被调查者深入辩论哪些观点和看法正确，而应该清楚地了解被调查者的思想和表达，问清楚原因和理由，以及被调查者所遵循的思路等。你只要认真听、认真记录就可以了，如果去批判、争辩和指责，能够完成调查任务吗？

第三，贸然介入地方矛盾。很多年前，有人在一个村庄协助推动一个项目的进展。当他发现当地群众正在进行维权时，他觉得一个有正义感的人应该立刻表明态度，支持群众的正当斗争，于是他旗帜鲜明地支持了维权活动。对于这件事情，我们讨论了很久，最终倾向于这样一种观点：项目协助者不应该介入地方矛盾，包括村内的维权活动。理由是，首先，从你介入那一刻起，你的项目就基本宣布失败了，介入地方矛盾就意味着你把工作搞砸了，首先就对不起社会、对不起项目的资助方，也对不起很多原本应该在项目中受益的人。其次，发展工作者（协助者）介入维权活动，几乎肯定是鲁莽行动。因为你接触的人有限，你听到的信息也许是片面的，冒失的行为很容易让有效合理的解决方式错失了良机。要知道，偏激的方法是难以解决所有问题的。我们的意思是，应该尽量寻求既维护我们的道义感，又不增加项目风险的做法，绝对不要因为不懂方法、不得要领的介入方式而让项目出局。

第四，迫不及待提建议。别人的话都没说完，就建议别人这样做、那样做。有很多专家学者都有这种"恶习"。我们给别人提建议要谨慎小心，至少要把别人的话听完并理解，把当地的情况搞清楚，至少要注意不要把未经验证、道听途说的传言当成经验。

项目调查一定要注意克服这些情绪化倾向。

第八节　只听精英的

在调查时只听当地精英的，也容易给调查造成负面影响。实际上，只听精英的就是只听能干的人的话，这是很多人的习惯性思维。在调查过程中，社区精英的观点和意见很容易收集到，无论是小组访谈还是入户调查。但是社区调查应该有多个视角，还应该包括不同利益相关群体的、不同社会分工的、不同社会性别的、不同经济条件的视角，调查对社区秉性有不同了解和认识的不同群众的想法。因为，如果只听精英的，就可能忽视其他的、弱势群体的需求与表达。这对项目的设计、实施和管理不利。

现实调查中，常有这样的情况：你没有上门拜访，那些社区精英会主动上门找你；而那些弱势群体只是远远地观望，如果你走近他们，他们还可能主动回避和离开。开会的时候，社区精英的发言能用完会议的所有时间，而弱势群体常常坐在角落，一言不发。即使你专门为他安排发言时间，他也可能唯唯诺诺，说不出有信息含量的话。

但是发展项目的基本要求是瞄准弱势群体，瞄准弱势群体的需求。我们只能采取更有效的办法，尽可能多地获得精英之外的弱势群体的基本信息、需求想法和改善建议，让项目设计和实施更符合政策要求。

项目调查常常以小组调查的形式进行。很多时候，调查小组是临时组成的，调查人员来自不同行业领域，有的是社会组织工作人员，有的是专业技术人员，有的是基金会工作人员，有的是政府官员。新人组成的小组在开始调查时，容易出现配合不好的现象。以下简单举几个小组配合不好的例子。

例如，小组访谈人员有分工，一般是前一个人大致问完后，后一个人再继续跟进提问。有的小组几个人坐一起，这个人问一句，那个人问一句，上一个人问的是土地，下一个人就问到了进城务工。访谈内容变化太大、太快，反复几轮后会让被访谈者不适应。因此，访谈者要有默契，要互相配合，有人提问的方式不合适就悄悄拉一下衣角，以示提醒。如果对问题的理解和看法有分歧，应该私下交流，不要当着被访谈者的面吵起来。有的时候被访谈者带着小孩，如果小孩子对访谈有干扰的话，可以轮流腾出一个人到旁边帮助照顾小孩子，以保证访谈的正常进行。

小组配合不好问题在国际小组里最为突出。在一个国际小组里，由于大家的文化差异大，习惯不同，对当地禁忌的了解往往不够，小组成员之间更容易相互不理解。小情况总是不断发生的，关键在于提前磨合和相互配合。

在一个小组中，总会碰到新人，还会遇到性格比较张扬、急躁的人，所以小组配合不好是一个日常情况，关键在于提前关注，提前打招呼，提前告诫一些基本的规则和做法，让一些事情尽量不发生就行了。

小组配合不好的事情非常多，受篇幅所限，就不一一列举了。

第十节　沉溺于工具

参与式调查常常借助一些调查工具。所谓调查工具，并不是我们日常的生产生活工具，而是把一些为解决某一具体调查问题而应该遵从的逻辑、系列步骤和方法以及注意事项进行打包总结，便于使用时快速参考、指导调查，方便人们获取足够有效的信息。例如，"社区平面图"这个工具，指边调查了解边粗略画出当地平面示意图或／和剖面示意图。一方面，画图能有效提高调查者和被调查者信息交流的顺畅度和准确性，如小泥石流处于什么位置，什么动物在什么高度的山上活动，等等；另一方面，借助图示能让被访谈者想到更多的信息，看见形象化的图示，他会立马把某些事情想起来，调查到的信息也能明显增多。"调查工具"是国际发展项目领域田野调查中的说法，我们不必纠结术语本身，只要有助于加强调查效果就行了。

实际工作中借助参与式调查工具是一件既有趣又有效果的事

情，所以人们非常喜欢，以至于有的时候变成了一种偏爱。有的人到基层调查的时候，把主要的精力放在调查工具上，容易产生喧宾夺主的效果，忘记了把更多的精力放在瞄准问题、解析信息和有效利用调查结果方面。

　　还是举例来说明。由于社区发展事物的多样性和问题的复杂性，国际上已经开发出两百多种工具，怎么可能在一个具体的项目点都用完呢？但是有的人因为偏爱工具，往往不加选择地用几十种调查工具。这种做法既要花费更多的资源和人力，又无谓地消耗当地社区被调查者的耐心，是极大的浪费。

　　防止滥用工具的办法是筛选。一般说来，每次调查都要针对调查目标、调查成本的限制和调查区域的特征来筛选工具，用尽量少的工具来实现调查目的。可以把"半结构式访谈"和"每日回顾"当作最基本的调查工具，然后根据不同的调查需求增加其他调查工具。如扶贫发展项目的前期调查可以增加"社区平面图""社区剖面图""季节历""社区大事记""社区问题与需求排序""农户生计图"等工具。如果是解决社区治理问题，可以增加"问题树""对策树"等工具。如果是考虑社区产品市场开发问题，则可以增加"市场链""产品加工示意图"等工具。相关的内容相当多，有兴趣的读者可以阅读调查工具相关书籍。

第十一节　忽视每日回顾

在调查时忽视每日回顾，就会降低调查效率。这里提到每日回顾，就是要强调每日回顾的重要性。很多重要信息都是从每日回顾中讨论发现的。

一般的社区调查都要分成几个调查小队进行分队调查。每日回顾指每天调查结束后及时进行各调查小队当日信息的分享交流会。每日回顾做得好或不好对调查进程和效果的影响很大。不管是在农村还是城市进行调查，每个队看到的情况往往差异较大。通过每日回顾，大家获得的信息可以交叉印证、互相补充。假如有三个队分头调查，你参加了一个队，通过每日回顾了解了其他两个调查小队的情况，那就扩大了你的眼界，看到了更多的事实，了解了更多的关键信息，有了更多的对信息的理解。这是每日回顾的第一个作用。

调查的过程是一个观察、发现、分析和确定结果的过程。在开始调查的头两天，不同的调查小队可能会看见不同的事实，有不同的判断。在每日回顾的交流磨合中，可以找到需要更深入调查了解的关键信息，可以提出需要补充调查的信息，可以及时根据当前的调查进行调查行动的调整（如增加或减少调查内容，改变和调整调查对象，或者进行时间线路方面的调整），提高调查的效率和效果。这是每日回顾的第二个作用。

每日回顾的第三个作用是通过调查人员的集中交流和反复深入的讨论，使得调查结果更为准确有效。

及时开展每日回顾是非常辛苦的。由于调查时间有限，每日回顾经常都会安排在晚饭后进行。有时，调查信息的丰富和调查内容的精彩，会使调查人员陷入亢奋状态而工作到深夜。但是不做每日回顾损失又会很大，稍微推延一下，很多信息就会被遗忘；稍微控制不好，就可能交流不深入，限制分析人员集思广益的效果，或者是过度交流，提前讨论一些当时可以不讨论的问题，浪费精力。

第十二节　忘记调查目标

忘记调查目标看起来很可笑，实际上却是很容易发生的事情。因为田野调查太有趣！在调查过程中稍不小心就会进入旅游者心态，而不能保持调查者心态。一旦有旅游者心态或是好奇者心态，就可能影响调查效果。例如有的人会被"八卦"吸引，而过多关注村里的乡土民情，压缩了调查的时间。要知道对调查者而言，受财务和成本的影响，调查时间总是远远不够的。你把时间用于"八卦"了，当然就削弱了对调查目标和其他调查内容的关注。有的人会投入过多的热情去使用工具，还有的人更关注山山水水，对村里的一草一木都好奇不已。

　　针对容易忘记调查目标这件事，可以在调查过程中不断进行调查目标提醒，把我们是来干什么的这件事刻在心里。具体的办法是在每次讨论或使用工具之前先"致敬"一下调查目标。如制订调查大纲时，要首先说清楚调查目标是什么；进行每日回顾时，要首先强调一下回顾目标是什么；使用平面图绘制等各种工具时，也要先说明一下目的是什么。特别是在回顾调查内容、总结调查发现阶段，要首先强调调查目标是什么。只要在各个关键环节尽量不偏离调查目标，调查的成效就会有很大的改善。

第六章
项目设计的坑
——研究不够瞄不准

本章提要

◆ 项目设计主要回答"为谁做、做什么、怎么做"的问题

◆ 参与性不足，就很难回答好以上三个问题

◆ 忽视基于共识的项目设计，可行性研究不深入，项目活动描述不清楚，容易让"目标群体主导"成为笑柄

一个发展项目很悲哀的事情，是选择错了做什么。如果花费大量的精力，投入大量的资源，做的事情是群众不喜欢或不受益的，那就太尴尬了。这种事情绝对要提前警醒，是不应该犯的错误，却是一些项目没能有效避免的事情。

第一节　两个"瞄不准"问题

发展项目没能"瞄准目标群体"，没能"瞄准目标群体的需求"，叫两个"瞄不准"。在发展项目追求的"五好标准"中（见第二章第二节），丢失了"瞄准"好，就是给项目打上一个大大的叉。

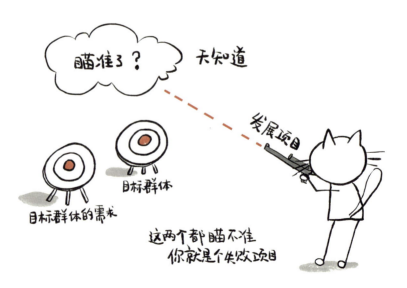

（一）瞄不准目标群体

瞄不准目标群体，是发展工作者的难堪。因为受资源方委托要去帮助人，却帮错了人，很容易被嘲笑，是绝不该发生的低级错误。

为了不犯这种低级错误，可以分三个层次把关，禁绝踩坑的机会。

一是深谙国家政策。对于帮助谁、支持谁，国家政策一般是有明确规定的。有扶贫的，有救灾救困的，有治病的，有改善居住条件的，有改善社会性别公平性的，有照顾年龄弱势群体的，有结合地区情况搞发展的。我们做哪个行业，就必须了解哪个行业的政策性。帮助谁，是发展项目政策性的重要内容，一定要研读相关政策，平时就挂心。以精准扶贫政策为例，可以理解为想重点瞄准人均纯收入低于某一水平的人。深刻理解这个具体的贫困人口判断标准，就很容易判断项目是否失去了瞄准性。

二是理解项目目标。对于帮助谁，国家政策可能说得比较宽泛，而项目目标会说得更具体，有更多具体的指向和刻画。如帮助什么地方的人，帮助什么状况的人，以什么具体指标来筛选和识别被帮助的人等。比如解决饮水困难的发展项目，就会具体指明帮助对象。对饮用水不卫生问题，用指定的卫生标准来衡量。对取水困难问题，以明确的取水高差和取水水平距离来判断。一些人可能不太关注一个具体发展项目的目标。一说起发展项目，就好像只是去做一件具体的公益事情，没有大的方向感。不清楚具体项目的具体目标，就容易失去目标导向和问题导向，项目很容易无意间就掉坑了。

三是强化在地调查，防止遗漏被帮助者。对扶贫住房改善、救灾危房改造、灌溉渠修建、沙化最严重地块治理等项目，要到现场去走一走、看一看、问一问。扶贫的事，要访谈到最困难的家庭；住房改造的事，要走访最难看的破房；改善灌溉的事情，要走到沟渠的远端，了解最困难灌溉户的担忧；防沙固沙的项目，要找到最喜欢参加项目的人和不愿意参加项目的人，了解他们的问题与困惑。这里不是让你照搬以上行动，而是告诉你要坚决地调查最薄弱的地方，见到最困难的人，最大限度地确保他们不被排斥和遗忘。而且一定要清楚，深化在地调查一般是有阻力的。各种各样的现实困难，有意无意的信息误导等，让你很容易看不见、看不准真相。以扶贫为例，你会发现有的真正贫困的人不愿承认自己困难，而经济条件好的则常常会叫穷，因此发展项目瞄不准人和瞄不准需求是一件稍不注意就会发生的事情。

有时候，两个"瞄准"的概念发展工作者清楚理解了，而资源方并不清楚。这就需要发展工作者向资源政策管理部门、向社会捐赠方解释清楚，提前有效沟通交流，推动他们把"有效瞄准"作为基本准则，就能避免一些偏离或遗漏目标群体的情况。

（二）瞄不准目标群体的需求

发展项目的资金、资源总是有限的。把最稀缺的资源用于瞄准被帮助者最迫切的需求，应该是发展工作者的重要追求。

然而，瞄准目标群体需求是个技术活。你必须处理好两大问题。

一是如何找准一群人的真实需求。

好不容易走近目标群体，你会发现，受益群众作为个人的想法是多变的。每个人听到的项目信息不同，想法也不同，很多人有了想法表达不出来，一些人的想法过几天又有变化。作为群体，互相交流也是成问题的。张三说张三的，李四说李四的，张三李四的相互沟通、相互启发是有用的，但是需要时间。所以，找准一群人的真实需求是有难度的。这才是发展项目实际面临的具体情况。在"目标群体主导"时，瞄准大家达成共识的需求，是最有难度的事情。大家不交流争辩几轮，讨论和思考就很难深入。不花上一些时间让大家消化信息和交流想法，大家的想法和共识就有可能流于肤浅。这取决于我们的选择。但很多时候，来自习惯的压力和工作成本的限制，让我们只能走近群众问一问，记一记，统计统计。如果条件允许，我们可以求助专业协助者，利用参与式调查方法和工具，比如排序工具，调查出达成共识的群众需求，瞄准目标群体心中的真正痛点，设计和实施受益群众真正喜欢的发展项目活动。

二是如何有效地抵制各种干扰和误导。

这是"中间人主导"时容易踩的坑，包括用少数人意志左右大多数群众的想法，很容易搞成"工程队能做什么就是群众需要什么""领导想做什么就是群众需要什么"，等等。如果不能抵制各种干扰，被种种借口迷惑了眼睛，"瞄准需求"就可能完全变成一句空话。

第二节　参与性不足问题

参与性不足是传统发展项目的普遍现象。当受益群众越来越被边缘化、越来越说不上话的时候，一些发展项目就可能变成"中间人"的游戏，做群众不喜欢事情的现象增多，受益群众"躺平"现象增多，"公家"投资搞发展变成"花钱买骂"现象开始出现和增多。多到基层走一走就会发现，这并不是耸人听闻。

参与性不足的具体表现是，外部控制资源，什么事情都由外边的人来决定。麻烦在于，总有一些受益群众要关注为他们带来好处的发展项目。这些关注可能是：这个项目得到多少资源支持？钱是如何花的？施工质量怎样？为什么他得的多我得的少？为什么占用我的地不给赔偿？"中间人"有没有搞私相授受？是不是有谁从这个工程中捞了什么好处？等等。当关注得不到回应，当参与热情找不到机会，特别是见到、听到不公平的事情发生，就可能出现质疑，开始有"躺平"心态和抱怨心态。而长期的参与性不足，会逐渐导致"干部干得再多也不被理解"和"干部干、群众看"等现象。

提高参与性，是改善"最后一公里"发展项目的牛鼻子，因为这是提高发展项目价值追求的前提。群众有机会参与，起码满足了好奇心，知道了国家项目为自己带来的好处究竟花了多少钱，有了参加建设和共同行动的积极性，更有一些踏实的获得感。很重要的是，提高参与性，能够有效减少发展项目的踩坑机会（详见第二章第二节的"避坑第1招"）。

实际上，提高参与性容易，实行"目标群体主导"比较难，需要较高水平的协助者技能。

在发展项目的传统做法之上，提炼关键项目信息，广而告之，让受益群众提前知道，叫"目标群体知情"。这是提高群众参与性的第一种做法。

在"目标群体知情"基础上，选取群众关心的项目实施的关键环节，让群众参与监督。群众可以发出声音，可以了解和利用公开投诉渠道，增加对工程质量的实际监督，提高信任感。这叫"目标群体监督"，是提高群众参与性的第二种做法。对目标群体而言，第一种做法和第二种做法都是别人设计项目、别人实施项目，用更多知情和更多监督来增加群众参与。用这两种做法来提高参与性相对容易。

参与性最高的做法是直接授权"目标群体主导"，即"目标群体决策"。这指的是，移交重要的资源控制权给目标群体。项目做什么、怎么做、资源安排、招标采购决策，更多地由目标群体自主决定，不再代做作业，不再代修工程，不再代为决策。这是提高群众参与性的第三种做法。这是比较难的事情，一般需要有专业协助者引导陪伴走一程，才可能建立"自主互助集体行动"的能力。好处是，发展项目的社会收益明显更大，项目踩坑的机会会大大压缩。道理很简单，受益群众有了资源决策权，就不能抱怨别人了。做什么是自己选择和决定的，事情是自己做的，钱是自己花的，总不能继续怀疑别人乱花钱了，总不能指责要做的事情不是自己喜欢和愿意的了，也总不能遗留一大堆后遗症，总不能形不成工程设施和公共事务的后续管理机制了吧？如此，就很难再出现"花钱买骂"的情形了。关键是，还能得到提高群众获得感，增加群众的国家认同，形成和谐"共建共管共享"习惯，提升群众自主发展的活力和能力，激发其内生发展动力等诸多好处。

提高发展项目的参与性，是要克服一些阻力的。因为，总是有人想握紧资源决策与控制权不放。只是，你掌控一切，被帮助者可能会失落或"躺平"。

提高参与性，还得做好迎接各种托词的准备。一些被弱化资源控制权的中间人，会搬来各种各样的托词，游说

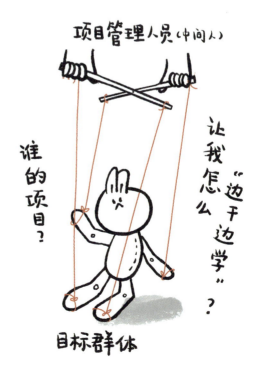

相关方以停止"目标群体主导"。比如，说群众没有主导做事的能力，岂止能力不行，还技术不行、管理不行、手续不行，等等。一些貌似正确的规定也在路上等待"管理"你，如有时候要求自修小微工程（如晒坝）提供施工"资质"证明，自取建材要有"正规发票"等。你还不能当笑话看，多研究、多微笑着"以正避斜"，可能更省力。

项目设计的主要任务是，确定发展项目做什么和怎么做。这时候群众参与不足，就会让发展项目回到老样子。要改变旧状况，就必须在群众参与上下大力气。发动群众参与，推动大家反复讨论，追求达成共识的项目设计，是参与式发展项目取得有效成果的保障。最起码应做到，发展项目主要做什么是群众大会排序共同决定的，基本的运行管理规则（规定）是大家反复磋商共同通过的。

第三节　项目可行性研究不深入问题

忽视项目活动的可行性分析，是发展项目的常见短板之一。

发展项目要开展的活动应该是具有可行性的。有的人爱强词夺理，说搞项目可行性研究是大型项目干的事情。我们这种小打小闹的公益项目，一定是可行的。是吗？我们在这里提出这个问题，是因为在现实中看见过太多不可行的项目，这里当然是指发展项目，包括很多公益项目。比如，在民族地区的神山圣湖旁援建一个剧场，剧场从建好就从未使用过；比如，援建乡村道路，不到一年就被村容村貌改善项目的修路工程完全覆盖；比如，只管修不管持续维护，导致公益项目很快瘫痪；比如，支持村民发展生产，种植出来却面临卖不出去的问题；等等。如果在进行项目设计的时候，就注意对项目可行性进行分析和研究，也可能避免和减少一些失败的风险。发展的效果、公益的影响和投资的效率等，都可能因为重视可行性分析而大幅度提高。

"最后一公里"的发展项目，也必须重视可行性分析。说起项目可行性，人们容易想起大型工业投资项目的可行性研究。大型项目一般要对项目的技术可行性、市场可行性、经济可行性、财务可行性、环境可行性进行专门的研究。大型项目往往投资巨大，会专门拿出资金进行可行性研究，由专业部门撰写可行性研究报告，供政府、银行或其他资方做决策参考。而"最后一公里"的发展项目和大型工业项目相比，完全是另外一种类型，比如投资额度小，不太关注经济可行性分析等；所采取的实用技术更追求适用和容易接受，不必过度强调顶级专家前来进行技术可行性分析等；各项目具体活动，不需要紧密衔接，不必进行关键路线分析等。现实中，资源方也不太要求进行专门的可行性研究和撰写可行性研究报告等。但是，即便是小型发展项目，也有很多因项目活动不可行而导致失败的案例，因此必须重视项目的可行性分析。

我们不必像修建三峡大坝那样，去做复杂的、专业的可行性研究，但对群众要开展的重要项目活动，一定要提前进行必要的、简单合适的可行性分析。这既能避免一些失败风险，又能借此机会磨炼群众，进行体验式能力建设。

怎样简化小微发展项目的可行性研究呢？可供参考的做法是：

（1）不必面面俱到。主要分析可能出现的风险，比如对不严重依赖市场的产品，就不必开展市场可行性专业分析。

（2）充分利用在地专家的知识进行分析。如群众想种植什么产品，可以通过咨询在地专家和地方干部，来分析市场可行性问题。如在景区附近开展项目，可以和当地环保部门的技术人员讨论环境污染风险和防范的问题。（3）高度重视群众可接受性。这主要指"中间人主导"的项目。一般而言，群众不喜欢的就会执行不力；群众想绕开的，可能是损害群众利益的做法，也可能是和当地文化相冲突的做法。比如，在宗教气氛浓郁、老百姓特别信奉"不杀生"文化的地方修建屠宰场，可能会被愤怒的群众一把火给烧掉。当地群众不接受、和当地文化习惯相冲突的项目，早晚都要失败，因为群众抵制是跨不过的坎。

小微发展项目可行性分析"五问法"

建议采取"五问法"以简化小微发展项目的可行性分析工作。即在 5 个关键环节进行自问自答，简单分析项目的可行性。

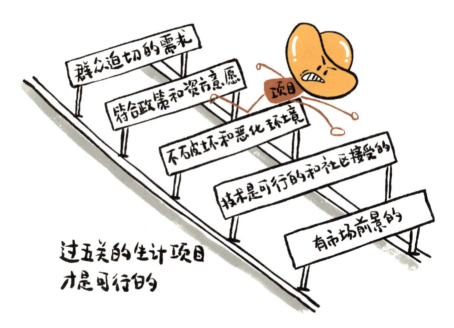

一是自问："项目是否瞄准了群众的迫切需求？"这是强调发展项目要有良好的群众基础。比如，项目是经过群众投票排序筛选出来的，是大多数人喜欢和愿意开展的。这实际上是在进行项目的社会可行性分析，通过某些方法证明项目的开展是"群众的迫切需求"。

二是自问："项目符合发展政策和资方意愿吗？"这是强调项目要符合国家发展政策或符合资方支持意愿。只要项目要用别人的钱，就得符合出钱方的支持意愿。有了支持意愿或愿意投入资金，项目就具有了资源可行性。可以用这个办法来替代大型项目的财务可行性分析或经济可行性分析。但是要注意，不同的资方有不同的资助要求。比如，有的基金会是支持社会性别平等发展的，一个可能强化男性权利的项目，就可能得不到该基金会的支持。有的基金会支持方向非常单一，比如愿意支持恢复和弘扬传统文化的，可能不愿意拿出资金来支持社区修路、修垃圾池等。这个环节是非常敏感的，因为资方具有一票否决权。只要项目在"符合政策和资方意愿"方面得不到分，项目就是不可行的。

三是自问："项目会不会破坏或恶化环境？"这是分析项目的环境影响。一般要鼓励社区多开展有利于环境改善的绿色活动，限制或禁止那些可能会破坏生态环境的活动。例如，在水源区网箱养鱼，在风景区开采山石，在自然保护区内搞旅游接待等，都可能破坏生态环境，可以一票否定。只有"不破坏和恶化环境"的项目才是可行的。

四是自问："项目的技术是不是可行？目标群体是否能够接受？"这是分析项目的技术可行性。可以从两方面考虑：如果技术要求不太高，则分析群众对所需技术能否接受和技术本身是否易于掌握；如果技术要求太高，则考虑关键技术能否有效传递，即分析怎样让群众学习和掌握相应的技术。

五是自问："项目生产的产品是否具有市场前景？"这是分析项目的市场可行性，分析产品的市场前景。这是容易出问题的地方，往往也是我们的弱项，我们必须高度重视和冷静面对，主要是防止弱化市场可行性分析。一个可行的办法是借助外力，如请当地干部和技术人员更多地参与和提供服务与咨询。

"五问法"应用流程

"五问法"如何具体应用？一般是召开 1~2 次研讨会，在会上大家一起回答"五个问题"。这个"大家"指政府官员、业务部门领导、技术干部、乡镇领导、村两委干部、村民代表、社会组织工作人员（协助者）、捐赠方代表等。实际上，是大家在一起，把未来想做的事情一件一件地进行"五问"筛查，有问题的就淘汰，符合五个关键指标的则保留，以备列入项目计划。

"五问法"实操议程大致是：

（1）列出可能的项目活动清单（长清单）。这是需要做许多前期工作的。比如到群众中调查，了解群众的想法和愿望。和干部讨论，瞄准群众想解决的问题，提出对应的项目活动等。很多时候，这个要分析可行性的项目活动清单还要召开专门的群众大会，由群众进行排序筛选。群众呼声最高和当地领导、技术人员强烈建议的项目活动，才拿到会上进行可行性分析。

（2）对项目活动长清单进行"五问"筛选。经筛选后，长清单变成可以纳入项目实施计划的短清单。

第 1 问：是群众最迫切的需求吗？为什么？ —— 剔除群众呼声不高的项目活动。

第 2 问：资源方愿意支持吗？为什么？ —— 剔除资源方不愿意支持的项目活动。

第 3 问：有不利环境影响吗？为什么？ —— 剔除环境不可行项目活动。

第 4 问：技术可行吗？技术传递能做到吗？ —— 剔除技术不可行项目活动。

第 5 问：有市场销售风险吗？有必要冒风险吗？ —— 剔除市场不可行项目活动。

大家一起边讨论边打勾、打叉，打满"五勾"的项目活动最具可行性。

不要嫌这个工作烦琐，只有经历过分析和筛选过程，你才能够做到心中有数，确保不做无用的或容易失败的项目。

第四节　项目活动描述不准确问题

一个经常出现的项目设计问题是，项目活动描述不准确。就是对每个项目活动具体做什么和怎么做，没有说清楚。在"目标群体主导"时，这容易成为一个严重问题。比如，大家要共建居住小区"公共空间"，有人会以为就是修建一个围栏，有人会想象成装修一个歌舞大厅，有人会认为以后可以免费使用"公共空间"，有人想利用"公共空间"对小区外的人营业收费，赚钱冲销物管费，等等。如果计划要做的事情，资源支持方、群众甲乙丙丁和在地乡镇社区等都想得不一样，以后怎么验收项目？

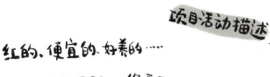

推动大家共同开展项目活动描述，有利于说清楚今后做什

么、怎么做、钱如何花、怎样评价验收实施成果等一系列合作实操问题，这样才有利于达成共识。

怎样对项目活动进行描述？以一个修建蓄水池的项目为例，应说清楚在一个单位面积（比如亩）内修几个蓄水池，修建蓄水池的容积要求、材料要求、施工技术要求，谁来施工，谁来使用，谁来检查验收，谁以及如何进行后续工程维护，等等。再如恢复轮牧制度，要说清楚草场的季节划分，轮牧制度的执行要点，谁来组织，谁来制定和修改轮牧制度，对违反村规民约的人如何处理，等等。可见，项目活动描述是细化项目设计的有力工具，是吸引和推动目标群体参与、锻炼群众能力、促进社区自主持续管理、增加项目可持续性的关键手段。

项目活动描述是协助者"磨炼"目标群体的有效机会。协助者可以要求受益群体提供清楚的项目活动描述。在这个过程中，大家有机会思考和了解今后的项目活动能怎样做，怎样开展，怎样管理和利用。在想清楚今后怎样做和做什么后，主要的物资成本和管理安排也就容易设计了，资金预算也就准确了。这有利于促进受益群众养成对如何花钱、做事效果自主负责的习惯，提高发展项目的效果效益。

由于经常按照项目活动描述来进行项目验收，也可以把项目活动描述简称为技术标准，在项目实施完成后，用项目活动描述来衡量该做的事情做了没有，该有的效果得到没有，该有的管理措施落实没有，对项目进行有效检查评价。

协助者的一个重大挑战是，能否发动和吸引受益群众饶有兴趣地、津津有味地参与项目设计，通过项目活动描述最终学会和运用项目设计的基本技能。传统项目的项目活动描述部分可能是由专家来完成的，目标群体主导的发展项目则必须由受益群众共同合作完成项目活动描述。这就是推动目标群体在"边干边学"

中提高能力。群众不仅可以自己设计项目，还能弄清楚自己今后应该怎么做，先做什么，后做什么，提出自己的资金预算。下次有机会，就能够轻车熟路地自主设计和管理实施自己的项目了。这样也能收到明显的能力建设效果。

第五节　忽视利益相关者协调问题

谁是利益相关者？除目标群体外，一个项目往往有搭便车受益的人，也有因为项目实施而受损害的人，还会有外围支持伙伴。这些人都是项目的利益相关者。例如，修建一条灌溉渠，目标群体能直接取水灌溉，是直接受益者。可能有人搭便车，如不在项目区内但也能顺便解决灌溉困难问题的，这就是间接受益者。而因为修建灌溉渠要被占用土地的人，如果补偿出现问题，就可能成为因项目而受损害的人。再举例，用其他村的水源解决本村饮水困难问题的项目，可持续性往往是有问题的。一些农户居住的地势高于取水口，难以通过重力取水，饮水困难问题得不到解决。一些地方采取简单粗暴的做法，就不考虑如何解决他们的饮水困难问题了，这也是有问题的。我们把受项目不同影响的人叫作利益相关者。

利益相关者协调，指在项目设计实施的全过程，关注利益相关者，有警觉有意识地开展一些协调工作，团结可以团结的力量，为项目实施提供支持。防备可能的来自利益受损人的阻力，减少可能的损害风险。

一个可能的利益相关者协调办法是，推动在地社区开展"利益相关者分析"。（1）分析谁是可能的"顺便"受益者。怎样说服他们和我们站在一起？什么合作机会可以利用？他们可以为项目做什么力所能及的支持工作？（2）分析谁是潜在的利益损失人，损害的程度，可能的补偿减损方案。如果补偿措施不足以解决他们的情绪问题怎么办？如果他们提出无理的要求怎么办？（3）分析如何敦促外围技术支持者、服务者为项目提供更好的服务。技术服务怎么做？技术专家从哪里来？服务成本如何解决？哪些业务部门可以为我们提供什么服务？如果项目遇到解决不了的协调问题该怎么办？如果需要扩大产品外销怎么办？等等。

利益相关者协调，最重要的是不能临时抱佛脚。要保持警觉，提前发现潜在利益受损方，提前调查和协商，提前考虑补偿问题和如何化解矛盾，防止项目被"偷袭"。例如，有个扶贫项目在修一个边远村民小组通组路的时候，因为要占用另一个村民小组的土地，又没有提前研究补偿措施，结果工程被吵架逼停，多花了好几天的挖掘机租金。因此，事前有敏感性，有分析和预案，避免临时抱佛脚，是协调利益相关者的一个要点。

一般在项目初期，协助者更多承担利益相关者协调工作。其后，逐渐推动受益群众学会并接管利益相关者协调工作。

第七章

实施管理的坑
——不从容何以陪伴

本章提要

◆ 绝不能项目一启动就松懈，而要随时准备迎接挑战

◆ 新手、生手很难凭运气就马到成功

◆ 陪伴社区时，自己糊涂、性格急躁、总想出人头地或表现自己，是自己给自己挖坑

◆ 陪伴的从容，来自对角色和节奏的把握

◆ 如果说群众所想是"做某件对自己有益的事情"，协助者所想就应该是"通过引导和陪伴，把这件事变成推动大家团结合作共建共管共享的能力建设过程"

具体项目一启动，挑战就立马出现。人们的态度可能突变：大家都严肃认真了，因为纸面利益马上要成为现实利益了，一些"自私动作"也有机会出现了。从现在开始，全神贯注、严防死守才可能不踩坑、少踩坑。只不过，你不要做出一副怒目圆睁的样子，而是表面轻松从容，内心高度警觉，应对可能的突然挑战。

第一节　项目启动之时，可能有坑不期而遇

　　经过一段时间的艰苦准备，项目马上就要启动实施了，有的人就松了一大口气。且慢，遗憾地告诉你，项目启动的时候，一大堆坑可能正呼啸而来。

　　为什么这么说呢？经过一段时间的宣传发动和项目设计，资金开始到位，进入项目实施阶段。但是，资金的到位和项目启动会的召开，常常是一个转折点。转折点以前是计划阶段，转折点后是实操阶段，大量的新情况可能不期而至。如果没有做好心理准备，就可能应接不暇，在慌不择路中踩坑。这有点像过山车，开始时缓慢爬升至顶点，一过转折点后就开始了目不暇接的新情况，搞得有些人手忙脚乱。因此，要对项目启动后的情况变化有心理准备，要注意保持冷静，随时沉着应对。

　　为什么可能出现大量的新情况呢？

　　一是资源魅力减弱。项目资金已开始到位，过去人们争取资

金的心情可能消失，项目资金对当地的吸引力减少。有的人迎合项目的心情没有了，商量的余地减少了。

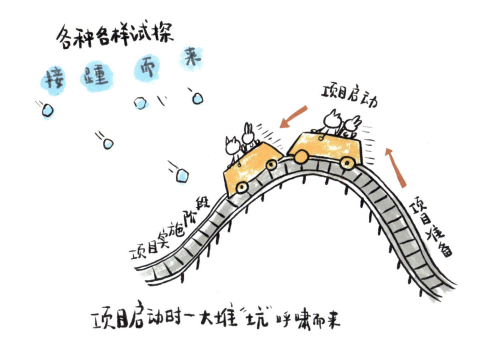

二是情怀牌开始失效。在项目准备阶段，大家会比较倾向于从大局来考虑问题，大打情怀牌；项目启动后，口头上、纸面上的利益变成现实中的真正利益。配合你演戏以争取资源时说出的情怀理由可能被收回，大度心态变成计较心态，有的人可能要收回笑脸了。

三是各种有影响势力的人物露出了真面目。在项目准备阶段，这些人并不一定相信项目资源能够真正兑现，也可能是对远期风险收益不太关注，所以态度上可能不痛不痒。但一旦项目启动，资金到位，一些利益群体就可能变脸。那些打算在项目实施中钻空子的人、认为"目标群体主导"实施项目的做法动了他的蛋糕的人，就有可能亮出他们的真态度。其中，有些人的做法可能难以预测，一些强势"精英"会开始试探你的底线。

但是，情况变化并不可怕。无非是态度问题、补偿问题、解决新矛盾的问题。只要提前做好迎接变化的心理准备，提前确定应对变化的基本原则，就可能做到阵脚不乱，推动群众有节奏、有边界和有原则地应对和处理。这实际上是提升群众小组能力的重要机会。

个别强势"精英"来冲撞试探底线的事情尽管较少发生，但还是不得不提醒。因为一旦发生了，又没有思想准备，就很容易进退失据，造成项目实施被动。

先从一个故事说起。

地震灾害后，捐资方和某县管理部门一致同意，在某村实施目标群体主导的灾后重建项目。由受灾群众公选一个灾后重建项目实施小组，在村两委的支持下负责带领全体受灾群众设计、实施和管理项目。这笔灾后重建资金用在什么地方，以及如何使用等，在群众中反复讨论，全体受益者共同决定了资金预算方案。这种坚持群众主体的做法，得到了群众和干部的欢迎与支持，受灾群众的满意度非常高。但是，这个项目就发生过个别强势"精英"冲撞试探底线的事情。

在修复灾毁公路时，一个挖挖机（挖掘机的当地叫法）突然出现在修路地段。原来有人不经商量，擅自在进县城办事的时候"顺便"预定了挖挖机，谈好价格后还预付了三千元定金。你看看，说好了方案制定、资金使用管理、工程招标、物资采购等是实施小组的具体职责，人家也没有反对，只是主动"顺便""帮助"了一下，这有利于工期提前啊。这实际上是对新成立的实施小组进行试探。如果你抵制使用挖挖机，你可能就要损失三千元定金，因为"我"是来帮你忙的，已经为你支付了这笔钱；如果你接受使用挖挖机，那"我"就有机会不断先斩后奏。总之，实施小组陷入两难，尽管有村书记的支持。在这个案例中，实施小组接受了这个挖挖机，因为毫无经验。他们既没能阻止挖挖机自行施工，还忍不住跟在挖挖机后面去收拾平整路面，以提高挖挖机的工作效率。这就形成了接受挖挖机的既定事实。最终只能以吃一堑长一智的自嘲来安慰自己。在总结教训的时候，大家讨论提出建议。（1）提前列出一个"绝不接受的行为方式"清单，说清楚如有违背应该如何处理的原则。当然，还应该有一个"鼓励的行为方式"清单。（2）如果不接受某种不合适的贸然"帮助"，则应该完全不配合。在前面的案例中，可以阻止挖挖机施工，至少不应该跟在挖挖机后面去配合平整路面。（3）如果必须要接受某种突如其来的"帮助"，一定要及时完善手续。比如，说清楚挖挖机的价格。实施小组成员后悔的是，当时没有及时重新讨论和确定租赁挖挖机的价格，也没有依据讨论结果重新与挖挖机车主签订协议。在这一次应对个别人试探底线的事件后，实施小组在村书记的支持下，再一次完善管理制度，明确了在购买外部服务时，必须坚持先签协议、后实施操作的原则。

　　说到这里，大家不禁要问，是谁在搞突然袭击式的"帮助"呢？在本故事中，这是一个"私心重"（群众的话）的村主任。现在回头看，他对受益群众主导的模式是有抵触的。是啊，推行受益群众主导，大家的事情大家一起来负责，决策和管理公开透明，有人是不舒服的。钱如何花要让被帮助者集体做决定，工程招标采购要由受益群体公选的实施小组来组织，一些人短期内是有抵触情绪的。

强势"精英"试探底线至少有三个基本特征：

一是往往发生在项目刚开始启动的时候。这时，如何执行制度还不明确，管理制度可能有缺陷或有些该有的补丁尚没有打好，干部和群众能不能铁面无私地执行规定尚待观察，私心重的人可能把这时当成是碰撞、"擦挂"和试探的好机会。

二是发生的形式有不确定性。有人会测试资源控制权边界，如上面案例提到的租赁挖挖机的决定权；有人会人为制造困难，如把旧债务旧问题抛出来，如以前的占地补偿问题等，或利用自己的私人关系找茬停水停电等（城市居住小区旧物业公司对付新成立的业委会的招数）；有人会搞乱人心，如编造谎言说项目是自己"勾兑"到村的。在本节案例中，这个制造难题的基层强势"精英"就造谣说，是他到县里送了礼，才得到这个灾后重建项目的（当然县局和乡政府后来专门开了群众大会辟谣）。本质上，这种不确定性来自出难题的人的社会关系，他可能是有什么社会关系就利用什么机会。

三是往往以所谓的"精英思维"混淆视听。首先，来"擦挂"和试探底线的人肯定是高举效率的大旗，如声称这样做更快更有效率。其次是各种暗示这是能干人的做法，而别人很笨，向管理部门传递信息：让我这样的精英做比推动受益者"边干边学"有效多了。怎么应对呢？也不复杂。主要是逻辑清晰和建立"先说断、后不乱"的习惯。

（1）逻辑清晰。想清楚目标群体主导的逻辑：不是谁能干谁主导，而是受益者自己的事情自己主导，是共同受益者选出自己信任的人主导。是追求事情能做得更好，大家的获得感更强，满意度更高。

（2）建立"先说断、后不乱"的习惯。这是强调用原则性驾驭灵活性。即任何时候都要坚持原则，需要灵活改变的时候必须抢先修改原则，其后才依据被修改的原则采取灵活处置措施。以社区发展基金管理为例，有个村原来规定对上学、就医、灾害等紧急借款的需求，可以一次性无息借款4000元。一次，一个受灾农户突然因紧急情况需借款8000元，而管理小组、当地群众和村社干部都认为情况特殊，可以借款8000元给他。这时不能直接借款给他，而应"先说断、后不乱"，启动紧急程序，修改管理原则。先把借款限额从4000元提高到8000元，再让他借款8000元。以后都以这个修改后的借款限额来要求大家就行了。坚持"先说断、后不乱"的目的，是限制管理人员以灵活性为借口，随意扩大手中的权力，找借口随意违反管理制度。这样，在坚持原则和适当灵活之间找到一个平衡点，方便变通处理紧急问题。

无效陪伴是浪费目标群体能力建设的机会。项目启动实施以后，推动目标群体和管理小组在边干边学中逐渐成长，是一个技术含量很高的赋能过程和陪伴过程。但很多项目明显忽视了对目标群体的赋能支持和陪伴支持，在项目进入实施阶段以后，在项目区群众最需要支持的时候，用无效的陪伴虚度了这段最可能养成有效能力的时光。

有两种形式的无效陪伴：

其一是用新手、生手来陪伴社区。一些项目实施机构习惯于让大学生志愿者或自己新招聘的生手来驻点驻村，来协调和陪伴社区。这是混淆了"培养年轻人"和"为目标群体提供及时有效支持"两种工作的性质。一般情况下，这种做法都很难逃出"双输"结局。（1）受益群众输。用新手、生手陪伴项目，能不能做好项目，只能是碰运气。现在的基层，哪里不是复杂的局面？哪里的群众工作好做？让新手、生手协调陪伴群众，一般都跨不过项目最初的"无序参与困境"。生手难以提供专业协助支持，难以推动有难度的群众合作行动，项目也容易踩坑。项目踩坑多，实施效果差，是受益群众吃亏，是受益群众输。（2）新手、生手输。情况太复杂，新手、生手怎么去协调推动项目？瞎指挥吗？想进取管项目插不上手，因为经验知识不够。又不能不管项目，因为上边给了压力。最后协调陪伴项目变成了"体验生活"。有时做事磕磕绊绊，还可能不被群众待见。如果有人指导，在实战中学习协调陪伴，那就太幸运了。现实中很多新手、生手刚走向社会就陷入无助，一门心思想学习成长，变成了自学自闯"熬"日子，耽误了时间。能学到的东西和该学的东西相比远远不够，也是输。实际上，项目机构也很吃亏。因为这种做法，新手很难有实质性的能力收获。况且，很多新手、生手的流动性很强，可能出现所积累的项目经验不断流失的情况，导致机构项目实施能力年复一年难以提高。

其二是忽视对管理小组"做事有回复"习惯的培养。"有回复"是大家常常忽视的。"目标群体主导"时，协助者并不会一直驻村，而是留给管理小组足够的"自行其是"空间。这个道理类似于，布置作业后让别人独自去完成，而不是一直守在旁边，这样可以让做作业的人全神贯注。所以，很多时候协助者是过一段时间有需要才进村到项目点的。定期"确定"作业，定期"复盘"作业完成得怎样，是协助者和管理小组的阶段性任务，是落实协助者陪伴的主要方式。"做事有回复"指，管理小组要对定期作业有认真的回复。认真回复和复盘对管理小组能力成长至关重要，忽视"做事有回复"就难以有踏实的能力成长。

"做事有回复"的实际操作方法是，协助者每次到项目实施地，最优先的工作是"复盘"：上次说好的管理小组要带领大家做什么事情？做了吗？怎么做的？效果怎样？有什么问题要跟进解决吗？如果没有做是什么理由？下一步怎么办？等等。主要是让管理小组清楚地知道，外部是认真的，说好要做的事情是要来追问的。提前说好要做的事情不一定非做不可，但是要有回复。做了事情要有做事的结果，没有做事要有不做事的理由，有理由可以不做，有变化可以另辟蹊径，想调整成做其他事要有深入考虑后的建议。要形成认真做事，坚持做事，追求做成事情的好习惯。

激励和推动管理小组养成"做事有回复"习惯，是协助者的法宝之一，是参与式方法成功的一个重要诀窍。因为，这是一个迎战作业、完成作业、复盘作业、开始新作业的循环进程。"目标群体主导"的项目推进过程，被具体化为一个个解决具体问题的"小任务台阶"，每解决一个问题，就跨越一个台阶，踏实负责完成作业的能力就扎实提高一点。周而复始，真实有效的"共建共管共享"就不是难题。

"社区做事有回复"是金钥匙

☆ 每次应该先讨论上次事情的完成情况后才讨论下件事情应该怎么做

☆ 社区是在有效做成具体事情的过程中成长的

对培养"做事有回复"习惯的干扰主要有两点：（1）不"复盘"或忘记"复盘"。如果经常说得多，说后就忘记，管理小组逐渐"只说不做"，就不太可靠了。（2）任务指向混乱。协助者变更、专家变更，不同机构管理人员提出前后矛盾的作业和要求，这个想这样，那个想那样，会导致管理小组无所适从，就只能空话应付，大话忽悠。最终破坏"做事有回复"的追求。

第四节　缺乏社会公平意识

哇，这是一个大坑！是给很多发展项目带来过硬伤的坑。

说老实话，这个坑真正有点"侮辱性强"。以实现社会公平为目的的发展项目，常常在操作上难逃不公平的做法，让人惊诧。其中，个别"扶贫项目不扶贫"现象，是缺乏社会公平性的典型。

发展项目缺乏社会公平性主要表现在以下几个方面：

（1）受益不公平。政策性资源应该如何分配？这本来是一个很难处理的问题。俗话说，"不患寡而患不均"，只要有差别就可能有失落感。但又不是追求绝对平均，而是希望大家觉得合理满意。如果国家和社会花了大把的资源，结果大多数群众因为受益不公平而有失落感，这个项目肯定算是搞砸了。如果群众获得感没有增加，反而骂起来，那不是"花钱买骂"吗？受益不公平可能严重伤害发展项目的政策性和公益性。

（2）成本分摊不公平。例如，修公路占地没有补偿，就可能出现有了村道大部分人幸福满意，但被占地多的家庭绝对抵制的现象。这是容易引发极端事件的导火索，也可能为项目留下后遗症，影响发展项目的可持续性。

（3）遗忘了照顾弱势群体。做发展项目，应该见弱的就帮一把，扶贫发展项目更不应该忘记弱势群体。长期忽视弱势群体的话，容易让人们更相信丛林法则，非常不利于和谐社会的建设。

（4）忽视程序公正。在具体操作中，有时候会遇到难以公平处置的情况，如困难学生资助名额不够、救灾帐篷尺寸质量不等，大家很容易相互有意见。如果能采取程序公正的做法，大家更容易接受，至少能够减少部分怨气。

缺乏社会公平性对项目的伤害很大。其一是减少获得感，增加不满情绪。本来得到了国家社会的项目帮助，大家应该更满意，更团结，更要一起牵手往前奔，结果陷入斤斤计较的怪圈。有的可能负面情绪爆棚，甚至"端起碗吃饭，放下碗骂娘"，严重违背了发展项目的初衷。其二是让项目失去了真诚合作的基础。对我不公平就是对我不好，我还怎样信任你？也没有动力与你真诚合作了。其三是严重削弱项目的可持续性。内心不平衡就没有凝聚力，很多人就容易变成搭便车的人，有好处的时候就站拢来，没好处的时候就站远点。享受服务的时候你找得到我，需要投入的时候你找不到我。工程设施的后续维护管理没有了基础，很容易出现项目一结束，所建设的工程设施就报废的情况。

发展项目作为推进社会发展的有效工具，作为兑现国家政策的具体措施，必须高举公平公正的大旗，坚持在具体项目活动中严守社会公平公正的底线。否则，政策目标、价值观就容易变成说教，就容易失去群众信任，就得不到人民的认同，就是抽掉发展项目的灵魂。所以，我们要把"社会公平性"好，作为发展项目的"五好标准"之一（详见第二章第二节）。只不过，很多人还没有掌握在发展项目中践行"社会公平性"的具体操作方法。

下面是我们倡导的、在"最后一公里"发展项目中体现"社会公平性"的几种具体做法。盼望大家能实际践行，创新做法。

从操作的角度，发展项目的社会公平性可以在以下五个方面具体落实：

路径 1：关注利益分享的公平性

项目中公平分享利益要注意两点。（1）受益程度合适。不要多的太多，少的太少。缺乏社会公平视角的时候，个人关系户、少数精英户更容易多得，是群众产生不满的一个来源。集中资源大搞形象工程也容易让相邻农户、相邻村落有不公平的感觉。曾经有一个行政村，其最边远的村民小组由于居住地偏僻，很多国家项目都没有他们的份。在国家解决人畜饮水困难的项目中，这个村民小组长期积累的不满情绪爆发，组织群众集体下山来抢人饮工程的水管，尽管水管对他们而言并没有实际用途。

（2）不要遗漏项目的目标群体。解决人饮困难的项目就要帮助饮水困难户，城市扶贫就一定不要忘记小区的困境人群等，不要出现符合政策规定的、生活最困难的人被遗忘的现象。

路径 2：关注成本分摊的公平性

大家一起受益没问题，但让一些人多出成本可能有问题，对此要有敏感性。一个人即便同样受了益，但被迫比别人付出更多成本，也会感到不公平的。

路径 3：关注程序的公正性

现实生活中，很多事情是难以做到绝对公平的，这时就要靠程序公正来解决问题了。这恰恰是很多实操手容易掉坑的地方。

总有公正之心为难的事情。一次轰轰烈烈的争吵，让我们见证了救灾物资分发的为难。受灾后有人送来捐赠物资，可是发给谁、发多少、谁先谁后，事情并不简单，特别是在大家计较的时候。1.4 千克面粉分给 7 个人很容易分。7 张简易床分给 20 户家庭，好不好分就要看怎么做以及大家的心态了。我们遇到的这次吵架是为了分捐赠的衣服，几个妇女都远远地看中了自己喜欢的衣服，为分衣服吵得不可开交。

程序公正更容易摆平为难事。事后诸葛亮想出了分衣服的公正办法：（1）依据衣服数量确定可以领取衣服的人数；（2）制定原则、根据需求确定谁来领，如每个村受灾最重的前 5 户，每户可以领取 1 件捐赠衣服；（3）"抓阄"确定进场选择衣服的顺序，如 50 件衣服设 50 个号，按照"抓阄"抽到的号码一个一个进场自己选择衣服。当然，也鼓励大家在场外自愿交换衣服。以"抓阄"落实程序公正，大家能接受现实结果。不吵架少吵架，就能避免公益善心做事效果被打折扣的现象，也能改善干群关系。

程序公正能有效减少群众抱怨，是化解源头矛盾的有力武器。很难做到公平的时候，程序公正是后遗症最少的群众"接受"办法。利用公正的"抓阄"，能真实有效消除大部分群众抱怨。

程序公正是有优厚回报的做法。关键是，你要提前有警觉性，对很难大致公平的事情有敏感性，巧妙地推动管理小组关注这件事，提前设计应对措施和行动方案。只要措施得当，既解决问题又避免群众可能产生的不满情绪，是可以做到的。因此，程序公正方法是和谐社会建设的有力工具。

案例：用程序公正减少群众抱怨

在地震毁坏输水管线和水源后，某村灾后重建项目拟新建饮水工程。其中，涉及挖沟深埋输水管道的事情。按照工程设计的要求，水管必须深埋接近一米，因为要防止冬季结冰堵塞水管。所有农户共同分摊挖沟任务。

问题是：怎么共同分摊？在山区，如果每家挖沟长度一样，地表下石头多的和石头少的，投入的劳动成本差别太大了。这很容易引起群众不满和抱怨。

管理小组在接受社会公平性培训后，采取程序公正的办法，迎战这个难题。具体做法是：

（1）先平均分摊挖沟长度，即把挖沟长度按家庭数平均分摊，有多少家庭分多少段。

（2）依据可能的挖沟难度，进行分段调整。管理小组、群众代表和村干部一起到现场测量，观测地面情况，大家一起推测每段沟开挖的难度，进行长度调整。难度大的减少挖沟长度，难度小的则增加挖沟长度，尽量让每段挖沟用工量大致相当。

（3）用程序公正来分摊挖沟任务到户，即谁家挖哪一段，利用抽签决定。控制两个关键环节。一是各地段无记名编号。如60户人家，分挖60段沟，就按顺序编成1至60号。二是"抓阄"。一个一个抽签，抽到哪个号，就挖哪段沟。因为是无记名的，就做到了程序公正，没有人能决定自己家挖哪一段。后来，那些需要花费更多劳动力来完成任务的家庭，并没有产生很大意见，而是自嘲手气不好。

（4）进行适当的组织补救。村两委号召党员干部支持遇到难题的家庭，用志愿行动支持"手气不好"的人。动员亲戚邻居好友互相帮助，发动"手气好"的家庭主动出手援助。

这样，利用程序公正，该村不仅渡过了一个容易引起群众不满、招致群众抱怨的难关，实际上还改善了干群关系和社区风气。

路径4：坚持信息公开和讲道理，改善社区风气

目标群体主导，大家有序参与，实现和谐"共建共管共享"，前提是什么？是大家的相互信任和共同遵守行为准则。这不是靠嘴巴上说说就能做到的，也不可能通过简单绕开矛盾，你好我好大家好的相互恭维做到。

但是，这又是一个操作层面必须面对的难题。如何在利益分享、成本分摊、程序公正之外，有更多改善和践行社会公平性的实操行动？经过一些探索发现，坚持信息公开透明，坚持公开讲道理，坚持群众集体对关键事务能发出声音，也是改善发展项目社会公平性的有效办法。而且，长期坚持就有扎实的正面效果，即便是在一些风气较差的地方。

一是坚持扎实有效的信息公开。项目资源财务信息、重大项目进展信息等，都要求管理小组按照大家商议好的时间地点，按照大家能够看得懂的形式，公开公示。

二是坚持讲道理，勇敢面对"小算盘"。公开讲道理是践行社会公平性的有力武器，一定要有效利用。首先是要敢于捅破窗户纸，直面问题。不敢直接讨论问题，就是逃避。其次是采取有效的方法讨论问题。有一些技巧可以用，如利用"角色扮演法"，让大家把有分量的话说出来；利用"枚举法"，让大家

尽可能地罗列各种可能出现的"钻空子"行为；"先说断、后不乱"，提前确定各种违规事情的处理原则和程序。把过去有人犯过的错误，大家听来的、猜测的可能出现的胡作非为，都列出来，先数落批评一番，作为未来治乱的依据。

三是有群众评议的机会。大家共同制定新的共同行为准则。利用群众大会，定期回顾评议共同行为准则的执行情况。让大家不断复习强化共同行为准则，形成讲道理的习惯等。

通过倡导公开透明讲道理风气，发展项目为改善在地社会公平性和社会风气做出表率。很多地方，好的发展项目有了开头，在地的风气也会跟着改善。曾经有一个项目，几年社会公平性坚持下来，干群关系有较大改善，公开透明讲道理风气得到强化，很多管理小组组长和成员逐渐进入村两委班子，得到地方领导的肯定。

这里重复一下发展项目处理社区矛盾的逻辑。走近"最后一公里"，一些必须用民主协商办法解决的问题和矛盾出现。因为，涉及多元利益主体，很难以"自上而下"的行政办法解决，只有依靠群众"协商共决"。怎样"协商共决"？讲公平公正，讲道理，讲换位思考，讲互谅互让。通过对一个个具体问题讲道理，把有的地方"以上压下""以强压弱"的不良风气逐渐改过来，开展达成共识的共同行动，走向和谐"共建共管共享共治"。从某种意义上说，公开透明讲道理，是"协商共决"的基本方法，是持久和谐"共建共管共享共治"的"防护墙"。

路径5：绝不遗忘弱势群体

关顾弱势群体是社会公平公正的重要内容。源起于和服务于社会公平公正的发展项目，理所当然地在践行社会公平公正方面率先示范。基于"最后一公里"发展项目的现实，发展项目近期可以从两个方向努力。一是追求关顾弱势群体。不管有没有具体的扶弱助困任务，本着"能帮就尽量帮"的精神，能做就做，能多做就多做。二是学习"企业社会责任"精神，承担"发展项目社会责任"，在具体落实社会公平公正方面，做更多的工作，有更多的实效共享。至少要拒绝"只修建具体工程"、把很多隐形后遗症留给在地政府的做法。

从操作的角度，可以从五个方面来落实项目的社会公平性……

1. 关注利益分享的公平性
2. 关注成本分摊的公平性
3. 关注程序公正性
4. 关注和重塑社区讲道理的风气
5. 不要忘记关顾弱势群体

第五节　流于形式的村规民约

村规民约在发展管理中的作用毋庸置疑。

但是一些发展项目并没有用好这个工具。最大的问题是把村规民约误认为是行政规定。有的领导想禁止什么，就以村规民约的名义单方面公布执行。所以出现大量抄来的村规民约，条款空洞，语气吓人，实际上又无法落实。

要注意，"民约"的意思是大家的约定俗成，是大家商量出来的"规定"，充满浓浓的民间味道。要大家来商量"规定"的事情，当然是大家共同面对的事情，做好了大家受益，做得不好大家吃亏。如利用村规民约管理干旱期间灌溉渠如何公平分水的问题，旅游村游客少的时候抢客拉客的问题，居住小区的宠物随地大小便的问题等。在发展项目中，工程后续管理、小区公共空间管理、项目相关的公共事务管理、自然资源管理等，都可以采用村规民约的方式进行民间管理。更重要的是，村规民约用得好，能成为改善项目治理和提高群众自主发展能力的有效工具。用好这个工具，能提高和延长发展项目的收益和效果。

由于村规民约具有群众接受和容易执行的特点，在推动受益群体或使用者共同制定时，应注意几点：

一是瞄准要解决的问题。问题要找得准，参与的人要找得准，才可能制定出好的村规民约。发动群众一起商量出来的管理措施，大家更能接受，更愿意遵守执行，针对性更强，更便于操作和落实。

二是反复充分交流。好主意是激发出来的，是反复权衡出来的。没有反复磨合的过程，一般很难找到大家最容易接受的、最愿意执行的问题解决办法。

三是注重准确表达，防止被误解误读。清楚地表达在关键点、关键问题发生什么情况以后怎么办，方便今后执行。在文字风格上也要注意简洁明了、通俗易懂。而且，要防止出现抄来的废话把正题挤得看不见的情况。此外，言语不要偏激，偏激语言和过分措施只可能带来反面的效果。

四是宣传到位。不仅要在人们容易看到的地方张贴，还要找机会促进大家议论、讨论，也可以举办答题竞赛来加深大家的印象，等等。

五是重视养成遵守村规民约的习惯。包括强调"先说断、后不乱"的原则，坚持提前说清楚、说好了大家就要执行的行为方式等。

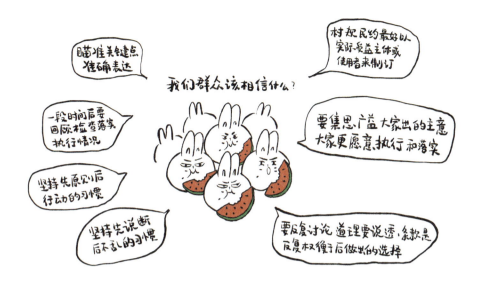

　　六是要提供村规民约回顾总结的机会。村规民约不是颁布了就万事大吉，至少在初期要持续关注村规民约的执行落实和反馈修改。到一定的时候要寻找机会让大家回顾总结和修改调整，确保村规民约的有效执行。

　　此外注意，村规民约在实际执行时，重点不是处罚，而是终止大家说好的不要再有的行为方式。比如，规定牲畜不能进入封管区，但牲畜不是人，越界的可能性大。如果牲畜主人不断采取措施、改善措施，管住了牲畜不再进入封管区，大家一般都不去计较，算是这项规定得到了遵守和执行。再如，一户牧民养殖牲畜数量超出了规定数量，按规定要在一周内把多余的牲畜处理掉。但牧场地处边远，集市有时候是 10 天或 15 天一场，超期出售也属正常，所以他在 2~3 周内处理了多余牲畜，也算是执行了村规民约的。外部评估人员不应以外部的习惯和效率来评价村规民约的落实，这样反而不利于村规民约的有效执行。

　　村规民约要尽可能提前制定。比如，持续维护管理饮用水工程的村规民约，一定要在项目设计阶段就开始考虑，这个时候大家有更多的配合心态，有利于"先说断、后不乱"。"先说断"

与发生既成事实后再来讨论，效果差别很大。如果等饮用水工程投入使用后才来考虑村规民约，效果可能会很差 —— 没有提前说好，有些事情可能已经成了事实，难以改正，因为这时人们的配合不会那么积极了。

第六节　忽视行为方式的塑造

有两大理由让我们必须关注项目实施地的行为方式改善。

其一，不关注管理小组成员的行为方式改善，这个管理小组早晚都会成为一盘散沙。不要相信刚成立管理小组时的"你好我好大家好"假象。违反规定的事情早晚都会发生，创造机会让自己占便宜的事情也有可能发生，有话不说或只说小话表达自己不满也可能逐渐演化成常态。发生事情不可怕，重要的是，这些问题一发生就要被关注，就处于纠正和解决的压力中，不能继续蔓延。我们想要的"遵守管理规则、有效分工合作和对自己行为负责"的行事风气，不可能从天上掉下来。不关注管理小组的行为方式改善，就相当于把项目的主导权交给一群只会吵架斗嘴的人。

其二，不关注当地群众的行为方式改善，项目就只能在旧习惯氛围中进行，很难真正有效地开展协商共管和集体决策。目标群体主导，不是简单地移交资源控制权就能做到的。"大家的事情大家商量着办"，必须有相应的集体行为方式来支撑。很难想象一些"没有权力和机会就忍气吞声，有了权力和机会就嚣张跋扈"的人，能做到协商共议和共管共享。公开透明的作风，讲道理的习惯，换位思考和互谅互让的态度，以社会主义核心价值观为底层逻辑等，是需要用有效方式才能有效植入的，是需要长期培养的，是在有效陪伴中才能逐渐培育和成为主流的。这是我们陪伴发展的底层逻辑。关注大家的行为方式转变，有利于建立一套适应当地的价值体系和集体行为方式，作为目标群体主导的文化基础。这样才能切实减少和消除可能存在的各种恶俗习气对项目的不良影响，摆脱遗留的"戾气重""搭便车""放下碗就骂娘"等困境，让发展项目不仅能有效建设硬件，还有转变思想和促进人的全面发展等多重效果。

实战中，强化项目实施地行为方式转变，可以从以下三个方面来开展：

一是管理小组能力建设从转变行为方式开始。俗话说，功夫在诗外。在管理小组"会做事"的能力之外，更重要的是做事风格的变化。必须用团结合作和主动负责的新行为方式，碾压可能存在的"各自为政、粗暴管理"旧习气。不仅管理小组要转变行为方式，村两委（社区）也要转变行为方式才行，否则主动负责和相互合作就会变成一句空话。为此，应该把行为准则作为能力建设第一次培训的内容，可以让村两委（社区）成员和管理小组成员一起接受培训，让今后将要密切合作的相关方坐下来，一起磨合，共同讨论甚至换位思考和角色扮演，列出好的行为方式，指出坚决不喜欢的行为方式，讨论制定今后的行为方式准则。所以，能力建设的第一个成果应该是项目所在地的行为方式准则。准则中要尽可能列举今后不该发生的种种行为。实际上经过这一轮培训，管理小组和村两委（社区）的相互配合就基本建立起来了。

二是不怕捅破窗户纸。必须认识到，很多时候行为方式与个人利益是密切连接的，不捅破窗户纸是难以抵达问题本质的。对于大家不喜欢不认同的行为方式，指明其与私利的连接和对公益的破坏作用，有利于阻止很多恶习。只是在方法上要有讲究。参与式工具中的角色扮演在这种时候特别有效，借助角色互换，大家幽默地公开揶揄自己不喜欢的行为方式和背后的利益连接，对改善现实生活中的不良习气将有很大的警醒作用。有一些不良习惯，只要大家把话挑明，形成了公开的道理，发生的概率就会大幅度降低，也可以让一些有自私想法的人不好意思或者不敢自私。

三是有机会就推动项目所在地的风气改善。如果项目所在地的风气不好，抱团共管就会变得异常艰难。如果抱有多一事不如少一事的侥幸心理，只注重管理小组的行为方式转变，忽视当地原有的不良习惯和社会不良风气改造，在行为方式转变方面的工作就容易费力不讨好，因为旧习惯旧风气的反复干扰很容易让新行为方式打退堂鼓。与其被反复干扰还不如抓住机会进取，努力在项目实施地的社会风气和行为方式改善方面多做些工作，追求建立长期持续和谐的"共建共管共享"风气，更好地实现项目目标。在这里，"有机会"指关注社区风气这件事可能不在项目设计的追求之内，况且这是必须得到上级行政部门支持才能做得到的事情，因为并不是所有人都愿意在改善社区风气和行为方式方面下力气。希望你能够有机会和意愿多走一步。

项目实施节奏指实施项目的推进速度和时间安排。

有的人喜欢严格依照计划行事，特别强调到哪个时间节点就必须走到哪一步。有一个小额信贷项目，为按时达到贷款户数指标，用行政方式发动县乡工作人员推动农户借款。结果是农户借贷户数达到了进度要求，但出现了农户大面积不愿意还款的问题。因为对一些农户而言，你强迫我贷的款，我就可以不还，所以盲目追求完成项目进度容易造成项目失败。

很多时候计划跟不上变化，特别是农村发展项目。有的地区天气多变、灾害频繁，一旦雨季提前，修建河堤的工期要么提前要么滞后；有的地方人们的生活节奏慢，说好的 9 点开会往往到 11 点左右才能开始。对于目标群体主导的发展项目，群众协商达成共识所需的时间长短肯定是不一致的、不确定的。有的事情可能不需要过多商议，大家都同意；有的事情大家要斤斤计较，坚持要说清楚，这就需要较长时间等待群众的多数认同。这就是群众商议形成共识的节奏。不尊重这些客观存在的自然节奏、群众习惯的节奏、达成群众共识的节奏，将把项目置于很大的风险之下。因为过快会产生拔苗助长的问题，过慢则容易失去群众的耐心和积极性。

怎么办呢？首先我们要告诫自己，项目计划的时间安排很难完美。应该允许实际操作时通过及时调整来应对各种突如其来的变化。最好是以目标群体的节奏为节奏，该快就快，该慢就慢，脚踏实地，有效推进。

社区节奏最重要！

你慢我就慢
你快我就快
绝不拔苗助长

协助者

追求达成共识
谨慎适应物候变化
大家没想通我们可以等

我是能快能慢的蜗马

可以从三个方面来把握项目实施的节奏。

一是密切关注可能影响项目活动的自然因素。农业生产和建设活动更多地与季节、天气状况相关。例如种植季节有农时要求，也没法更快或更慢；破土动工要避开冻土季节，因为无法让群众在冬季冻土天气施工；河坝、桥梁等设施修筑要在枯水季节进行，必须避开洪水期。这是在项目实施中需要关注的一些自然节奏。

二是注意不要让群众过多闲等。如前期规划结束后，资源传递慢，容易出现大家长期等待资金到达的情况。这时可以安排其他受益群众练习活动，如研究自己村社存在的问题，讨论解决主要问题的办法措施等，为工程持续使用和维护共同设计管理村规民约等，避免出现大家长期闲等和空耗群众耐心的情况。

三是坚持追求达成共识。按照参与式理念，每个行动越能达成共识越好。但实际工作中完全达成共识非常困难，也无必要。因此这里提的是"追求"达成共识。意思是采取实际行动前，尽可能让受益群众达成共识。能通过反复宣传、反复讨论和反复协商得到大家的认同最好；如果不能完全达成共识，至少你是诚心诚意尊重别人看法的，让别人有机会表达自己的意见。实际上，有的意见和看法，别人可能有机会表达就满足了，即使意见不被接受心中也没有疙瘩了。总之，我们特别看重达成共识。把握项目实施节奏的本质是，尽可能腾出时间追求达成共识，这样有利于形成集体行动的活力。项目进度可以慢一点，大家磨合交流机会多一点，尽可能让阻力少一点，避免项目进度过快或过慢给项目带来的伤害，避免出现推进速度与群众的感觉脱节的情况。

有一些项目，计划做得很差，进度要求几乎完全按照后方财务管理人员的需求来确定。甚至常常不给项目计划调整的机会，这时候项目实施节奏就容易出问题。比如，为赶进度开始剥夺受益群众协商决策的机会，为赶进度同意继续用"村财乡管"的方式管理社会捐赠资金等，活生生把进度要求变成让目标群体失去资金控制权的借口，把目标群体主导逐渐异化成外部主导，这是要高度警惕的。

陪伴是一个高难度技术活，把握项目实施节奏是其中的难点之一。

第八节　信息不通畅让你经不起风险

迄今，发展项目的信息公开依旧停留在雷声大、雨点小的阶段。很少见到有项目在总结评估时关注公开透明工作做得怎样。曾经有项目要求，在村社必须把项目的资金计划公开，结果：有的人把公开信息贴在只有"巨人"才可能看见的地方；有的人把公开栏放在墙角，一般人根本注意不到；还有的人列出大量烦琐的信息，让人即便认真阅读也看不出个所以然来。有一次，项目资金的公示不到一小时就被人撕掉了，是不是故意撕掉的不知道，但可以看出，信息公开透明是件很难办的事情。如果协助者不专门关注并巧妙推动信息公开，在目标群体知情方面就很容易失分，你就只有在信息混乱的情况下推进项目了。这个时候，往往容易出现谣言。人们会对资金的规模、目标群体的选择标准、项目效益和成本的分摊等产生很多疑问。一旦谣言四起，项目推进的成本将极大地增加，浪费我们的精力。

　　发展工作者必须从一开始就关注项目信息的公开透明。

　　一是清楚地梳理最重要的项目信息，尽可能地图示化，让人对项目的关键要素和政策依据能够一目了然。

　　二是通过各种生动活泼的形式向群众传递信息。一般当信息公示到一定程度的时候，再继续公开透明就没有那么困难了。在实际工作中，可以通过以下几个主要途径来促进信息公开：

（1）在与地方政府的初次碰头会上，清楚地表明和阐述项目关键信息，包括资金数量、资金来源、帮助对象的选择、项目的治理框架、想要实现的目标等。同时，共同商议今后项目信息公示怎么做，议定今后共同做好信息公示工作。

（2）召开外部人主导的群众宣传发动会，在会上展示关键项目信息。在项目初期，利益相关者容易按照自己的利益关系来宣传项目。由外部人主导宣传发动，一是能防范对项目政策的偏狭理解，二是增加宣传信息的可信度，避免群众对利益相关者的疑虑。

（3）委托村两委或项目管理小组以群众喜闻乐见的形式广泛宣传项目关键信息，必要的时候召开辟谣会议，以澄清关键信息。

信息公开透明是改善项目治理和社区治理的关键前提，有内生发展动力的社区必然要破除信息封锁的茧壳，才可能倡导讲道理和公正公平的社会风气。

千万不要小看信息公开透明哟！

第九节　忽视政府协调工作

忽视政府协调工作，是一些社会公益组织实施发展项目经常出现的坑。

你作为外部的人到村庄和社区去推动发展项目的实施，当地政府系统是你的重要合作伙伴和协调对象。在推进项目的过程中，项目机构和政府的关系如果不好，则可能严重影响项目的进程。比如，当一些政府官员不理解你的时候，他可能把你看成一个影响当地社会稳定的不利因素，这个时候你的麻烦就大了。有的时候，恐怕连进村入户都很困难，何谈顺利实施项目？

因此，无论是谁，在推动开展目标群体主导的发展项目时，必须高度重视和当地政府的协调工作。一方面，需要帮助当地政府增加对项目的了解，让行政负责人知道你在做什么，知道你是"人畜无害"的，让他们放心，为你开放更多的发挥空间。另一方面，应该争取当地政府的切实支持。当公益发展项目遇到困难或阻碍时，可以主动与当地政府协调以争取各种支持。一般而言，地方领导是很愿意为你提供支持的。比如，基层业务局可能愿意为项目提供技术、专家支持，当地的扶贫、环保、工商、民政等部门可能乐意提供项目识别、可行性研究支持，或者在社区自组织（如村级社区发展基金会、老年协会等）登记注册时提供行政支持，等等。

实际上，很多靠谱的发展援助机构都很重视地方政府协调工作，我们自己在做项目的过程中也非常重视这一点。有的时候，如果得不到县级政府的强有力支持，我们只能退出项目村。因为，没有有效的政府支持，项目失败是铁定的事情。

为做好项目的政府协调工作，你可能需要端正对政府协调工作的态度。

首先，政府协调工作是至关重要的，不是可有可无的。你也需要有效的政府支持，如处理复杂矛盾、解决突如其来的纠纷、得到专业技术人员的支持帮助、协调村两委和社区充分发挥作用，也包括可能的法律支持等。

其次，你要让别人感觉你是"无害"的，你做的事是靠谱的，你是能"出活儿"的，你做的事情是受群众欢迎的。

最后，诚恳的合作态度。包括多交流沟通，多汇报，每次做什么、怎么做都有提前的通报，每次做得如何有事后的回复，经过一个阶段后主动要求一起复盘等。

政府协调工作做好了的一个标志是，项目方和政府方进入"无事不登三宝殿"的状态。即大家建立起互信之后，非必要就不用经常见面了，各人忙各人的工作。"有事才登三宝殿"，任何一方发起一次见面，或开一个会，都是为了相互提醒有哪个问题需要注意，或者需要谁帮个什么忙，村里有什么问题需要更深一步研究等。例如，某地扶贫局有一次来电话邀请见个面，在交流中就提醒我们某村的社区发展基金项目可能宣传不到位，群众对项目政策有错误的理解。我们就及时到村工作，破除谣言，推动管理小组工作走上正轨。

第十节　忽视工程后续维护管理

一些发展项目修建的工程设施，在项目结束没多久后就瘫痪了，如第一章"短命的饮水工程"案例。这是没有关注建立工程设施后续管理机制的后果。一些人"重建设、轻管理"的习惯会带来很大的发展资源浪费。

那么，修建的工程设施什么情况下容易很快瘫痪呢？

一是"无人管"。大家都只去利用修建好的设施，不去维护和管理工程设施，都只想搭便车，没人出头露面抓维护管理。工程维护管理听天由命，很大概率会导致设施维护差，甚至提前瘫痪不能使用，其结果是大家都吃亏。

二是管理机制无效。表面看起来有人管理，有管理制度和规定，但是无责任落实，管理失灵。如果村两委成员不是使用者或受益者，又被教条式地委托管理权限时，就容易发生这种情况。在管理者不是使用者或受益者的时候，或在管理者只有付出而没有回报的时候，容易出现管理机制无效的情况。

三是想管理，也知道如何有效管理，但没有支持持续管理的经费来源。都知道维护管理活动是要花钱的，但发展资金和社会捐赠一般不会提供维护管理费用。谁送你一头奶牛还上赶着把这头牛今后要吃的草也一并送给你呀？因此，维护管理成本一般由使用者或受益者负责。问题在于，一些地方不会明确告知群众，使用发展资金援建的设施要自掏腰包出运行管理费用。结果，没成本进行管理或管理成本找不到持续来源，成为工程设施容易瘫痪的又一个重要原因。

综上所述，在项目结束后工程设施能持续使用，大致要具备三个要素：一是有人管理，二是有靠谱的管理机制，三是有管理成本的持续来源。实际上，许多传统发展项目常常"只建不管"，后果就是失去所建工程设施的可持续性。特别是在以工程队建设"交钥匙"为主的情况下，工程队又不是工作队，当然是只管建、不关心后续管理了。这导致所建工程设施能否长期持续使用变成听天由命的事情。

对发展项目而言，修建的工程设施不能持续维护使用，带来的损失是很大的。一是使用者得不到有效的服务，重新回到项目实施前的困难状况，项目目标仍然没有实现。二是国家的资金被浪费。花了钱，做了事，经过一段时间后，群众就享受不到该有的好处和服务了。这是瞎折腾。三是大幅度降低了发展资金的使用效率。边建边弃，相当于国家和社会在发展方面的投入资金大打折扣。

如何摆脱有人用、无人管的情况？我们的办法是，对小型共用工程设施，按照"谁使用、谁管理"的原则，开展自主自助管理。即用参与式方法推动使用者建立自主持续维护管理机制。以使用者（受益者）为主体，解决"无人管理"问题，设计执行靠谱的管理机制，形成能支付、可持续的维护管理成本来源。

如何摆脱有人用无人管的状况

在操作时应注意：

（1）一定要提前关注后续管理使用问题。如果发展项目有工程建设的任务，那么，在工程设施的设计阶段、工程建设之前，就应开始制定工程设施的可持续管理使用机制。提前设计管理机制，更有利于管控今后可能出现的负面行为。有的地方会把设计好管理机制作为工程建设开工的前提。因为这时只是在讨论可能出现的事情，针对性显得不是那么强烈，更容易做到"先说断、后不乱"。

（2）制度设计要合理。合理，指能够瞄准关键问题讨论出大家接受的办法。管理制度主要回答的问题包括：谁使用？谁维修？谁管理？如何管理？是不是要收费？收多少钱？资金怎样管理？如何做花钱开支的决定？管理人员变动怎么办？等等。切记，细化和考虑好细节才好执行，大家都接受的制度条款才能持续落实。

（3）有效解决管理维护成本问题。开展持续维护管理，无非三种情况：一是志愿者提供无偿服务，二是大家一起共管共用共享，三是到市场上购买管理服务。一般情况下，工程系统小、不容易出问题、维护管理成本特别低的地方，人们倾向于用志愿服务解决工程维护管理问题；覆盖人口多、工程又比较复杂的地方，以及由行政领导负责持续维护管理的地方，人们倾向于用购买市场服务解决问题，如大家向自来水公司交水费。麻烦在于共管共用共享这一块，工程队修建好工程就走了，而地方行政领导又没有条件用市场化服务来简单解决问题，因而常常出现"有人用无人管"的情况。对这个问题，前面已经提到过解决办法了，就是参与式工程后续维护管理方法。

案例：某饮水工程建立持续维护管理机制的做法

这是一个20多户人家共用的饮水工程。借助某基金会资金支持，修建了水源点蓄水池，封闭保护水源点，以管道输送清洁水到各家各户。

全体受益者在管理小组带领下，共同设计工程方案、共同管理使用资金，在工程资金不足的情况下，共同商议每家出一点钱（人均200元），解决工程建设资金不够的问题。

在建设过程中，就开始考虑如何建立今后的持续维护管理机制。

在协助者的主持下，管理小组成员、村组干部和农户代表一起讨论，集思广益，商量出以下管理要点：

（1）工程维护使用可能出现的问题：人为破坏水管、牲畜污染水源、主水管因受灾破裂、更换家庭水龙头等。

（2）对可能发生的问题和处理办法进行梳理。主要问题：

——人为破坏问题（什么类型的破坏？对破坏者如何处罚？对检举者如何奖励？）。

——主水管和共用设施维护问题（什么类型的问题？如何解决？成本怎么分摊和筹集？）。

——怎样提供服务的问题（入户管线出问题怎么办？上门维护收不收维护费？购买零件怎么办？）。

——对弱势家庭如何帮助（水费是否优惠？）。

（3）测算可能发生的维护成本（设备材料的购买、管护人工投入等）。

（4）确定维护成本的财务来源（主水管、共用设施的维修或更换由大家集资解决；日常维修成本与人员工资在水费中解决；对困难家庭免收少收水费；家庭水龙头更换等由管理人员提供免费服务，水龙头购买费用由家庭自己承担）。

（5）把后续管理使用的要点转化为村规民约（同时强调今后增减管理条款和人员更换等，要由受益者大会集体决定）。

依据以上5点，开展集中供水工程的可持续管理，确保了供水设施的长期维护和有效管理使用，为受益者带来长期的效益。

协助者缺乏社会性别意识，可能让项目弱化或失去社会性别公平性。记得有一个项目，为了落实社会公平意识，引导大家种植薪柴林，以解决薪柴采集用工多、妇女采薪柴辛苦的问题。在项目实施几年后，回顾评估时发现，当地妇女已经把项目种植的苗木替换了。原来当时做参与式树种选择的时候，由于临近春节，各家各户来开会的人，多是春节期间打工返乡的男性，而很多妇女这时正在为过春节而忙碌，没来参加会议。这样，由于协助者的经验不足，项目种植的苗木实际上是打工返乡的男性选出的男性喜欢的树种。后来和妇女一起讨论时，她们提出喜欢的树种是没有刺、易采集和好燃烧的薪柴树种。看来即使项目打算帮助妇女，但在选择树种时，由于缺乏社会性别的敏感性，也可能让项目出现漏洞。举这个例子的意思是，发展项目在社会性别方面也是容易出问题的。

协助者要注意保持项目的社会性别公平视角。

一是要注意在项目推进中，改善目标群体和当地社区的社会性别公平意识。比如在目标群体瞄准时，注意不要让女性弱势群体被排挤在外；在社区管理活动中，不要使女性缺失参与和行使权利的机会；在社区发展基金借贷时，不能以性别为借口排斥女性群体的借款等。

二是注意不要让社会性别平等的考虑，成为增加妇女负担的理由。有一个村的妇女发展项目，村内一些男性拒绝参加修路劳动，开玩笑说"妇女项目就该妇女自己来做"，我们也开玩笑说"妇女项目就是妇女领导做"，把妇女项目解释为"妇女领导的做妇女喜欢的事情，做事的时候该发挥男性体力优势的地方，妇女就领导和发动男性来做"。

三是注意避免传统习惯法的性别歧视风气对项目的影响。比如土地承包证上可能没有女性的名字。又比如，很多很多年前，在一个民族社区做调查时，当地村组干部告诉我们，当地的入学率非常低，只有30%多。调查中发现数据不对，访谈证实，原来当地干部在统计儿童上小学的数据时，所说的数字是没有包含女童的——30%多是男童入学率，而当时这个村的女童入学率基本为0，社区学龄儿童的实际入学率只有不到20%。可见，我们稍微不注意就可能忽视社会性别不公平的现象，得到失实的数据。依据这样的数据设计项目，会闹笑话的。

　　理解社会性别公平并不难。从实际做事的角度，协助者可以适当关注以下几点来避免项目加剧社会性别不平等。

　　（1）认真理解社会性别的概念。

　　（2）调查了解和理解社区的社会性别分工，即在日常生产生活中，家庭里男性、女性分别做什么，男性女性合作做什么。如若让某一性别承担了该性别体质难以承担的负荷时，就可以认为是一种社会性别分工不平等的现象。例如，早年在有的地方，取水和采集薪柴都是女性承担的高负荷劳动，占用妇女的大量时间，加上家务繁重，在社会性别分工方面，女性处于不利位置。

　　（3）调查分析家庭中的资源控制权，即男性和女性各控制什么，掌握什么。例如，土地承包证上写的是男性的名字，有的地方强调借款要用土地承包证来抵押的时候，就会出现女性没有权利贷款的情况。所以在做项目的时候，要注意保持一定的社会性别敏感性，不要出现剥夺女性资源控制权的事情。如果有可能，项目应尽量支持一些妇女能掌握控制资源的生产活动，扩大妇女的资源控制权，增加妇女保护自己的能力，减少妇女权益被损害的机会。

　　（4）了解和分析社区的性别角色。说直白一点就是了解妇女的社会地位。如果可能就尽量推动社区淡化或消除性别歧视，包括对女童和老年妇女的歧视。如果不能对妇女社会地位有所改善，至少要注意，应刻意回避那些容易降低妇女社会地位的事情。

（5）注意不要把社会性别公平误解成妇女维权。提到性别的时候，指的是两性，并不是单指妇女，只不过由于历史原因和传统习惯法的影响，社会性别不公平的现象大多表现为对妇女的不公平，如歧视妇女、欺凌妇女等，也包括在文件政策条款中不小心剥夺或者漠视妇女应该得到的权利和尊重。

协助者和发展项目的工作人员在实际项目操作中，必须具备一定的社会性别敏感性，一有机会就推动社区开展改善社会性别公平性的事情。

总体来说，我们坚持从做事情的角度，利用项目实施的机会，尽量做一些有利于改善社会性别公平性的事情，至少是不做有损社会性别公平性的事情。在特别容易产生的分歧和争论面前，不主张、不要求说得很完美，而是能做一点是一点，做事比要嘴皮子管用，宁肯被"吐槽"，也要坚持做，因为改变只能从行动当中产生。

1. 借项目改善当地社会性别平等意识

2. 不以社会性别平等理由增加当地妇女负担

3. 抵制习惯法的性别歧视风气对项目的影响

4. 如果不能改善女性社会地位至少应该不恶化女性社会地位

5. 在实操中，尽量从性别分工和资源控制方面改善社会性别平等状况.

在项目中改善社会性别平等

争论

能做尽量去做，让别人争论去吧！

有的传统发展项目，一问项目能力建设怎么搞，就立马回答做了几期培训。好像能力建设就是搞培训。千万注意，至少在"目标群体主导"的发展项目上，不能把能力建设简单理解为培训。

给我权利 让我负责

给我机会 让我边干边学

让成熟的协助者 陪伴我成长

培训

不要用简单的培训来替代能力建设

目标群体凭什么能够主导？没有主导能力的主导，肯定是乱七八糟地瞎干。而主导能力从哪里来？从能力建设来，从"边干边学"来，从反复磨合来，从成熟协助者的陪伴帮助来。

可以说，"目标群体主导"是基于能力建设的实施模式。以为培训就是能力建设，容易把能力建设简单化，比如提供了几期培训，就觉得完成了能力建设任务，就可以任由志愿者、新手生手去推动和管理项目了。这样，容易把"目标群体主导"又变回传统的"中间人主导"模式。

目标群体主导的发展项目，对能力建设有更高的要求。

一是更关注主体发展能力。能力建设的"能力"主要指主导能力，包括自主负责任的精神、合作共商共决的态度、"共建共管共享共治"能力、争取社会支持的协调能力等。如果说传统项目的能力建设指"搞建设＋培训"，发展项目的能力建设则是指"强化主体意识，建立自我负责精神，强化自主发展内生动力＋培训＋合作共建"。在这里，能力建设是项目成功的基础，是协助者的主要任务。能力建设是全过程的能力建设，是一个结合实操"边干边学"的生动过程。

二是更关注能力的有效形成。强调用实操上更有效的办法，基于对象特性开展更有针对性的能力建设活动。4 个最常见的能力建设办法是：参观考察，集中培训，为"边干边学"提供及时指导和咨询，推动群众"抱团"学习研究。

组织外出参观考察是转变观念的好方法，但是，做得不好就成了外出"旅游"。怎么让参观考察更靠谱呢？你要选好地点吧？你要有明确的考察学习目标吧？出去参观考察的人要选准吧？为了强化效果，你要在参观之前布置观察思考任务吧？你要在每天参观结束后组织大家讨论吧？你要推动大家结合自己的情况构建自己的行动方案吧？好的参观考察往往对项目会有很大的帮助。比如，打算合作开展牵马服务的村民代表，在参观现场看见其他村提供牵马服务抢客拉客的混乱场面后，就情不自禁地开始设计自己的"共管"牵马服务方案了。所以我们常常开玩笑地说，方法用对了，协助者就可以偷懒了。因为你可以少费很多口舌，而得到的是更有效的能力建设效果。

集中培训也要为"目标群体主导"做一些适应性调整。（1）培训内容要结合项目实际进展进行安排，如共同行为准则、管理小组的内部管理规定、管理小组与村两委的协调方案等，应优先安排。还应包括如何践行社会公平公正，如何公示公开信息，如何"共商共决"等，并依据关键项目活动适时安排。

（2）培训方式要更适应成人特点。运用角色扮演、形象化展示、操作示范、图文并茂的材料等，用参与式培训取代过去那种单向灌输的培训。

为"边干边学"的磨合提供及时有效指导和咨询，是效果最好的能力建设办法。这是体验式能力建设，在实战中能自主作战就自主作战，需要指导咨询就由陪伴的协助者及时介入，及时指导或引导大家共同想办法。不是直接告诉他们应该怎么做，而是协助讨论"确定问题""决定解决问题的原则""可能的风险和注意事项""可以做什么和不做什么"等。然后管理小组依据这些讨论独立制订详细的行动方案。这保证了，管理小组每做一件事情，不仅事情能做成，还能学会更多东西。项目活动设计与描述、资金预算、工程招标、工程质量监督、后续管理制度等，都按照这种思路，能成为锻炼群众能力的机会。

推动群众"抱团"学习研究。在实践中我们发现，创造机会和适当增加压力，推动目标群体"抱团"行动，是建立受益群众的主体意识和"共建共管共治"习惯和能力的有效方法。大家一起"抱团"行动、抱团"共创"久了，就慢慢自觉认为"我们"是一群"主人"了，"我们"就知道怎样"抱团"行动了，就习惯于共建共管了。因此，可以通过创造更多"抱团"学习研究机会，来锻炼和提升群众能力。比如，推动草原持续管理小组带领牧民利用当地传统知识，研究回答本村草原为什么退化，好的草场管理有什么特点等问题。这样做，不仅能扎扎实实磨炼受益者，也有利于塑造与"目标群体主导"相适应的本地文化风气。

第八章
项目评估的坑
——目的不明方法乱

本章提要

◆ 为什么评估？为了考核绩效或总结改善？目的不同差别很大

◆ 为了考核绩效做的评估，容易忽视受益群众视角，容易滥用不切实际的评估方法

◆ 增加评估的受益群众视角，提高评估的参与性，更多地推动受益群众"抱团"开展"参与式评估"，是发展项目今后要强化的方向

迄今，很多发展项目的评估都缺乏受益群众视角，项目的目标群体较少有机会就项目的效果和改善发出声音，这肯定不利于项目的持续改进。在项目评估阶段，比较容易出现的问题是：评估成为宣传、迷信问卷调查、评估只关注硬件、评估标准混乱、评估指标烦琐、评估缺乏群众视角等。

第一节　评估成为宣传

评估是改善发展项目的重要措施。但一些人把评估当成项目宣传或找人替项目说好话。于是，借评估吹捧项目，轰轰烈烈走过场的事情也就越来越频繁。

把项目评估扭曲成说好话，是一种试图掩盖项目缺陷的行为。而项目的一些方向性错误一旦让人看不到，不仅会导致本项目失去改善的机会，也会让其他同类项目失去借鉴的机会。以一个"不扶贫的扶贫项目"为例，把评估当作宣传，就可能发现不了这个方向性的错误，容易导致发展项目逐渐失去政策性。而掩盖这个事实，会让一些目标群众产生发展项目说假话的感觉，认为你说的是一套，做的是另一套。当项目的目标群体认为你是虚假做事、虚假宣传的时候，发展项目的目标就成为一句空话，一方面即使是真正的目标群体也会迷惑，让获得感打折；另一方面也发现不了项目自身的重大缺陷，难以及时为其他同类项目提供警醒和借鉴。

以宣传和说好话为目的的项目评估，基本上只是围绕着既得利益者进行项目评估调查。一般而言，他们的调查逻辑往往是，张三从这个项目中得到了好处，就让张三出来表达赞美意见；李四没有得到过项目帮助，哪怕他是项目目标中要帮助的人，也不让他出来表达意见，因为他不会吹捧项目。同样，他们总结材料的宣传逻辑常常是，"我"在项目中得到了什么什么好处，所以这是一个好项目。这样，项目评估人员总是被一群得到好处的人包围，被既得利益者天花乱坠的说辞带偏，有时候就得出错误的评估结论。

破除项目虚假宣传的办法只能是大范围深入群众进行评估调查，不仅要调查了解项目的受益户，还要细心听取非受益户的意见。在调查交流过程中，要注意反复自问这个发展项目让谁受益，避免把一个丢失了政策导向的项目捧成花朵。现实中，如果你去找非受益户调查，就可能被怀疑是故意找茬，有人就可能担心你的调查访谈给项目带来麻烦。其实，这种担心也不多余，因为访谈者没有经验可能真的会惹出激烈情绪，有的地方历史遗留问题可能太多了。因此，还没有成熟访谈经验的评估者应该格外小心。另外，如果评估者见不到不同的人、听不到不同的声音，就很难保证评估的客观性，项目存在问题的可能性就更高。

政策导向是发展项目的灵魂，所以，发展项目评估的基本逻辑应该是首先拷问政策导向的落实情况：我们的项目是落实什么政策的？按照这个政策应该以谁为目标群体？这个项目是不是瞄准了目标群体及其需求？然后才是一般项目评估的内容、步骤和方法，以确保你的评估有利于发展项目逐渐提高政策性。

第二节　迷信问卷调查

不可否认，问卷调查是很好的评估工具，但问卷调查方法受到的限制也很明显。因为，问卷调查的设计往往过于封闭，难以胜任对过程、影响因素、心理态度等定性问题的调查分析，容易遗漏一些统计数据难以反映的关键问题。例如，如果发生扶贫项目不扶贫的情况，统计数据就很难清晰地揭示展现出来。在一些地方，有的贫困户因为自尊而否认自己是贫困户，有的富裕户为了利益口口声声说自己是贫困户。类似的因素使得涉及贫困原因、激励因素、内在动力、社区变化等的调查变得比较复杂。除非评估者有强大的评估原则框架和非常烦琐细致的问卷设计，否则仅仅依靠问卷调查，要做好评估是非常困难的。而烦琐的问卷调查可能面临的一个难以解决的矛盾是，调查问卷一旦设计复杂，势必延长每个访谈者完成问卷的时间，可能使被访谈者失去耐心而不配合，调查效果同样会不理想。

要承认，发展项目非常关注的参与性、社会公平性、可持续性、社区能力变化等，采用问卷调查和数据统计来分析是非常困难的。

问卷调查对项目评估最关心的参与性、社会公平性、可持续性等定性分析问题，有一点点的力不从心？

过度依赖问卷调查开展项目评估的地方，容易遗漏当地弱势群体的声音。一个问卷调查显示当地绝大多数人都很满意的扶贫项目，可能是排斥了贫困群体的项目。因此，我们说，在采用问卷调查方法评估项目时，要心存警惕，应注意到问卷调查方法在人口稀疏的农村存在统计数据失真的风险。

为减少项目评估对问卷调查的过度依赖，可以适当增加参与式评估的分量。例如，增加一些懂得参与式调查方法的人员进入评估团队，要求多开展参与式调查，如参与式访谈（或半结构访谈）、小组讨论、群众画图等，以更真切地听到目标群体的声音，提高评估调查的有效性。

第三节　评估只关注硬件

近年来的一个常见现象是，一些发展项目的评估只关注硬件建设，认为硬件建设和设施改善搞好了就是好项目，而是否落实了政策和促进了"人的发展"则被扔在脑后。

评估只关注硬件建设，容易掩盖发展项目的缺陷和问题。例如，一个利用发展资金修建剧场的项目，由于人气不足，剧场长期不使用。你在评估的时候如果只看硬件建设成果，这个项目就是成功的，因为剧场实实在在有气派。如果你能看到剧场长期空置，投资被浪费，就会认为这是一个有问题的项目。因此，要警惕利用硬件建设的光鲜来掩盖其他项目缺陷的做法。

评估只关注硬件建设，实际是忽视"人的发展"。比较一下两个小微工程项目：一个由工程队修建，工程质量好；另一个由当地受益群众自主主持修建，工程质量也好，只是外观比不过工程队修建的。但后一个项目是大家共建共管的，在修建过程中，培养起了受益群体共同协商决策的习惯，建立起合作行动的能力，形成了工程设施可持续维护使用机制等。显然，后者有更多的"人的发展"成效。如果评估只关注硬件建设，就可能认为前者更好，那么这是在倡导什么？是眼中没有"人的发展"吗？是在表达对工程队的偏爱吗？

因此，评估的目光不应该仅局限于硬件建设和简单的功能服务，而更要关注发展项目对社区能力是否有贡献，对社会公平有何影响，对社区风气和行为方式改善的效果，对社区和谐管理的贡献等。只有这样，才能让评估成为改善发展项目的一个有效工具，促进发展项目不仅追求完成硬件建设，也追求"人的发展"，不丢失政策导向。

第四节 评估标准混乱

用什么标准来衡量发展项目的质量，是项目评估的首要问题。

项目评估标准是很难统一的。例如，有人只依据硬件建设质量来评价项目，有人只依据领导喜不喜欢来评价项目，有人只以项目能否赚钱来评价项目，一些好大喜功的人可能喜欢用"最"标准来衡量项目。

"最"标准不靠谱

所谓的"最"标准，是一些人吹嘘自己的项目，制造噱头，如有的救灾项目要在受灾县援建全国最大的医院、最好的学校等。这是一种抢占舆论高地和抢眼球的做法，对挣面子和抢政绩有利，多少有点比拼"谁能送人金手表"的意味，给人的感觉并不好。因为，"最"标准的比拼，容易导致资源集中垒大户的现象，容易让资源少的援建者因为不能提供"金手表"而失落，也助长了说大话的不良风气。实际上，"最"标准容易水分多。即便能修建医院建筑和给予医疗设备，也不一定是全国最好的医院，因为很难达到最高的医疗水平嘛。同样，有最好的学校场所、没有最好教师队伍的学校，也很难是全国最好的学校。这是在误导舆论。况且在受灾县，今后肯定是养不起全国最大医院和最好学校的。"最"标准的硬伤是噱头、显摆和硬件为王，助长过度"内卷"之风，对推动"人的发展"不一定有利。因此，对于发展项目的评价，应该拒绝"最"标准的干扰。

发展项目的评价绝不应该是比拼谁最花钱，而应该比拼"五好标准"方面做得怎么样。必须再次强调，发展项目必须关注发展项目的政策性和社会效益性，而政策性和社会效益性的基本表现就是成效好、瞄准好、参与好、社会公平性好和可持续性好，缺少任何一个指标，这个发展项目都不健全。

为强化大家的记忆，这里再次简单重复评价发展项目的五把尺子（发展项目"五好标准"）：

一是"成效"尺——成果好不好？效果好不好？项目的设计实现没有？

二是"瞄准"尺——瞄准得好不好？瞄准了政策目标群体没有？瞄准了他们的需求没有？

三是"参与"尺——目标群体能知情吗？目标群体能有效监督吗？目标群体能做资源决策吗？

四是"社会公平性"尺——促进了社会公平吗？主要体现为公平受益、成本合理分摊、程序公正、包容弱势群体、干群关系改善等方面。

五是"可持续性"尺——在项目关闭后，硬件能持续维护和使用吗？自主管理机制能持续运作吗？

以上五个方面的追求，是发展项目的最高境界，背后的逻辑是确保发展项目的政策性和公益性。只是，目前五把尺子的要求还显得太高，很多时候可能难以做到。但是没关系，"心中有方向，发展不迷航"，在心中存有衡量发展项目质量的正确标准，才可能抵制那些做错了事还要靠噱头抢镜头的扰乱者。

从此以后，靠五把尺子，我们至少可以质疑一些冠冕堂皇的理由，指出以种种借口排斥目标群体是不对的，目标群体不知情、不能监督、不能影响项目决策是难以有真正内驱动力的，不关注社会公平和导致干群关系紧张的做法是应该改正的，不在所建工程设施可持续维护管理方面下足够功夫，其项目的可持续性是有问题的。

第五节　评估指标烦琐

怎样判断和比较发展项目的优劣？大多数情况下依赖评估指标，即依靠关键指标综合打分来判断一个项目的优劣。对于打分内容，大家的视角往往太多，不知道怎么取舍，经常是七嘴八舌凑成一个烦琐的指标体系，增加了评价操作的难度。曾见到一个普通发展项目的评估，评价指标多达 200 个，每个指标还要按照百分制打分，再加权折算成一个综合分来评判，这在操作上很难实现。

怎样克服评估指标烦琐的弊端呢？以下几点可供参考：

一是在设计指标时注意避免两种空中楼阁式思维。其一是办公室思维：自己不去实际操作，不了解在基层获得信息数据的艰辛和难度，对调查内容有多多益善的想法，有意无意增加了评估指标和需要调查的数据。其二是学术研究式思维：把项目评价统统看成学术研究，贪大求全追求完美，把指标体系弄成一个看起来很完美实际上无法操作的东西。如果不做研究，就不必套用研究的那一套规范来把项目评估搞烦琐。

二是采用更科学的指标设计框架。基本逻辑是在影响项目质量的关键环节设计关键指标来指导调查评价。那么，哪些环节很关键呢？其一是"五好标准"做得如何；其二是在项目实施的关键环节做得如何，比如在资金划拨、信息公开、可持续管理机制等比较容易出问题的地方设置指标进行评判；其三是从目标群体的角度设计一些指标进行评判，如受益情况、满意度、能力提升、干群关系改善等。一般说来，要提前对指标总量进行限制（如最好少于 30 个，不能超过 50 个）。

三是访谈时被访谈者只在"好、中、差"三档中选择，让回答更加简化。这一点要举例才能说得清楚。一个社区集中供水工程的评价曾经被设计了上百个指标，后来千方百计压缩成 17 个指标。我们选取其中 5 个指标来看看：

水源点管护指标

水源点有日常维护管理吗？（有、不知道、没有）

水质指标

水体质量如何？（好、一般、不好）

水系统维护机制指标 2

维护资金有来源吗？（有、不知道、没有）

财务公开指标

水费开支使用有公示吗？（有、不知道、没有）

用水户决策指标

主要决定由谁来定？（大家决定、不知道、村干部决定）

可以看到，括号中的三档回答，有利于在简化指标的基础上进一步减少烦琐，让沟通更加便捷，评判打分更加容易。

问题在于，剔除烦冗指标并不容易，关键是找准关键环节，找准关键环节的关键影响因素设置评估指标。

第六节 评估缺乏群众视角

有人说，项目好不好，应该由目标群体来判断。这话没什么毛病吧？

这就引出了评估发展项目的视角问题。一般而言，评估发展项目有两个主要视角：

一是外部视角。项目资助方（出钱方）要判断项目做得怎么样，项目执行方（项目办、项目经理、发展工作者）也要判断项目实施得好不好。外部视角评估很多时候需要引入专家来帮助进行评估判断。

二是内部视角。接受帮助的人，受益群众（目标群体、用户）对项目实施也有自己的判断。内部视角从受益者、使用者角度更容易发现存在的问题，更有利于项目改善。

我们说评估缺乏群众视角，是指迄今发展项目的评估多以外部视角为主，内部视角容易被忽视。这不利于发展项目的改善，也不利于受益群众提升能力和增加获得感。要增强评估对发展项目的促进作用，可以从两个途径来增加发展项目评估的群众视角：

（1）在外部视角评估中增加更多的群众视角。推动评估专家在评估过程中更多地发现、吸收和采用来自受益者、社区小组的看法、意见和建议。深入群众，听见群众的声音，让群众能够表达，帮助群众克服表达障碍，在清楚理解后准确有效地反映群众意见，并不是容易的事情。

（2）推动开展参与式评估。目标群体主导的发展项目，由主导者、实施者，即社区受益群众自己评估自己开展的项目，这样不仅能够评价项目实施的质量，更能促进群众总结教训、提炼经验和改善自主管理。因为，自己发现的问题、自己设计和确定的改善措施，肯定更能够落实和执行。

参与式评估本质上是以内部视角为主。如果说外部专家评估主要是对资源资助方负责，那么参与式评估就是自主实施者或受益者对自己负责了。以草场可持续管理项目的参与式评估为例，在草场可持续管理小组带领下，全体牧民评估一年来草场管护的效果，同时筹划下一年要开展的草原建设和保护活动。这样，通过参与式评估，群众知道自己的项目走到了哪里，自己发现和提出要解决的问题，共同走有内驱力的和谐发展之路。因而，参与式评估对社区的能力建设贡献也很大，对社区管理的可持续性更有帮助，对社区和谐管理的改善更有效。在实施目标群体主导发展项目的地方，应该尽量支持开展受益群体主导的参与式项目评估。

参与式项目评估主要有六个步骤：

一是回顾做了什么和做了多少（进度）；

二是分析所做事情带来的好处（效果）；

三是判断所做事情带来的改变（能力有没有提高？社区关系有没有变化？社区风气有没有改变？带来的变化有没有可持续性？）；

四是衡量所花的资金和精力是否值得（和以前比、和其他地方比）；

五是总结提炼经验教训（我们骄傲自豪的是什么？我们认为以后应该怎样做事？今后做事应该注意避免哪些情况？）；

六是依据可能的资源和群众意愿，筹划下一步的集体合作行动。

今后，可以把参与式评估作为能力建设的重要工具。通过推动受益群众反复自我复盘和总结经验教训，促进社区可持续自主发展能力的成长。

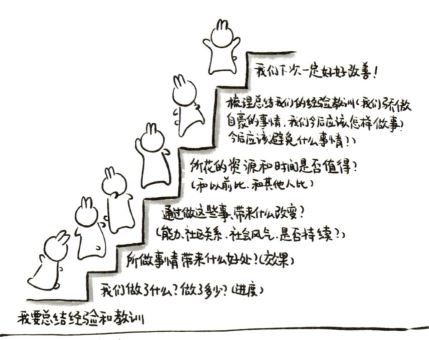

我们下次一定好好改善！

梳理总结我们的经验教训（我们引以为傲
自豪的事情，我们今后应该怎样做事，
今后应该避免什么事情？）

所花的资源和时间是否值得？
（和以前比，和其他人比）

通过做这些事，带来什么改变？
（能力，社区关系，社会风气，是否持续？）

所做事情带来什么好处？（效果）

我们做了什么？做了多少？（进度）

我要总结经验和教训

更关注经验教训总结的参与式评估

第九章

在坑的世界前行
——守拙者能走更远

本章提要

◆有坑是客观现实，"躺平"是不负责任，要绕坑、跨越坑有"三靠"：一靠发展理念，二靠群众参与，三靠专业协助技能

◆靠发展理念，就是坚持发展项目的政策性，坚持追求发展项目"五好标准"，坚持人的全面发展

◆靠群众参与，就是锚定受益者，让踩坑吃亏的人来主动防止踩坑

◆靠专业协助技能，指跨越"无序参与"鸿沟和"陪伴社区"绕坑跨坑，离不开娴熟的专业协助技能

对如何避坑逃坑的基本总结，已经放到第二章去阐释了。本章更多是讨论对坑的基本态度。要走出发展项目风险区，最重要的有两点：一要坚持发展项目的政策性，二要优化协助者行为方式。

第一节　在坑的边缘成长

在多坑的世界前行，挥洒自如的感觉，属于优秀协助者。

实操手化茧成蝶，转化为优秀协助者，是时代赋予的使命。

不就是五大困境吗？

"'最后一公里'困境"说的是，工作有难度；

"协商共决困境"说的是，必须创造更有效的群众工作方法；

"群众参与不足困境"指出，坚持群众主体性、发挥群众积极性是发展项目主要的改善方向；

"'中间人'困境"强调，应抛弃"中间人强势掌控项目资源"和"忽视群众感受"的做法，必须抑制越来越令人生厌的"外人小算盘"；

"无序参与困境"则表明，必须以专业协助陪伴支撑真正的群众参与式行动。

事情并不复杂，难在不被带偏。

我们只须，以守正的态度"常在河边走"，以有价值追求的行为方式"尽量不湿鞋"。喔，对了，不是我们"不湿鞋"，而是协助陪伴目标群体"不湿鞋"。用参与式方法让"目标群体"成为避坑主力军。

发展项目领域毕竟是很多青年人出发的地方，新手、生手要成长，没有人可以用"绝不踩坑"来胡乱要求人，事实上也没有人能做到完全不踩坑。一方面，我们追求挥洒自如的感觉，另一方面对可能出现的踩坑也必须正确对待。不喜欢踩坑，就更要提前警觉，也不惧有坑；追求的是不反复踩坑，拒绝反复踩同一个坑。让我们以下面4句话自勉吧：

第1句：没有踩过坑的可能是没有做工作的。也许你足够"菜"，还没有机会遇到坑；也许你缺乏敏感性，掉了坑和遇到损失自己还不知道。人无完人，每个人都有掉坑风险，我们很难见到不踩坑的人，我们希望成为踩了坑能够醒悟和有所领悟的人。

第2句：一辈子总踩坑的可能是不长进的。坑是咬人的老虎或老鼠，一辈子总被咬是什么情况？不是笨蛋就可能是故意。不应该付出成本而不成长，更不能故意踩坑害人害己。

第 3 句：少踩坑、进步快是最小代价的成长。少掉坑，掉坑不死才能存活，才能成功，才有可能为社会做贡献。用最少的代价换取最快的进步，是正常的进步，是追求最小代价的成长。

第 4 句：绝不能踩了坑还不进步。坑太多，我们太"菜"，为了做事，为了未来更好地做事，我们必须操练，必须成长。因此勇敢前行，在坑的边缘努力成长。即便掉坑，也要尽快摆脱和脱离坑，尽力避免失败，用我们的成长成熟来让踩坑变得有价值有意义。这就是本书题记中所说的，"英雄应该不死"。

第二节　优化行为方式，才能最少踩坑

我们凭什么能少踩坑和逃坑？

如果我们自己不成熟，就是天然自带坑。

如果我们运气不好，环境会布满坑。

如果我们坚持价值追求和实施群众更满意的发展项目，前路的坑可能变得更多更复杂。实际上，追求越高，需要避免的错误做法就越多。

如果我们轻视蔑视可能存在的坑，那不出意外一定会把项目变成一地鸡毛。

这说明什么？说明我们没有太多选择。从实操的角度，坚持价值追求，优化行为方式，才可能最少踩坑。

怎样优化行为方式？话可以说得更丑一些，就是少被"急功近利"习气误导，摆脱"既不清楚原则、又缺乏方法技能"的糊涂相。

以下几点，是值得大家努力的方向，供参考和思考。

（一）坚持群众主体是关键

有人问过，发展项目要成功多、失败少、不踩坑，最重要、最关键的一点是什么？还特别强调，只能说一点，不能说其他二三四等。当时脑中猛然出现的只有一个念头，就是"群众主体"。真的，整整十分钟，没有想到其他更重要的项目成功要素。

坚持群众主体是避坑第一关键。我们说的是真正落实的群众主体。因为真正落实了群众主体才有真正的群众参与。只有真正做到以群众为主体，让受益群众能够对公益援助资源的使用安排有掌控的权利，有决策的机会，受益群众才能产生当家做主的感觉、培养自我负责的精神。这个道理很容易理解。即便是无偿的东西，有选择权有决定权，受益人的精神面貌也是不同的。再强调一次，真授权才有真参与，真参与才有群众的真认真，真认真能让半数以上的坑不敢出现。

坚持群众主体，国家是提了要求的，群众是明显欢迎的，只是一些人假装没看见，一些人以"无序参与困境"来推诿。一些在发展项目领域混了多年的"老油条"，可能一直没有机会真正见识，有内生动力的群众是什么样子。在发展项目面临五大困境的时候，在乡村振兴的新阶段，在不得不面对激发内生动力任务的时候，立足群众的发展是必然，坚持群众主体有可能成为为数不多的战略选择。实际上，这也不会是艰难选择，因为这只是沿着传统群众路线深化了一层而已，更具操作性而已。借助发展项目，为"目标群体主导"提供专业协助陪伴支持，推动群众自主解决自身面临的、需要共同协商解决的发展矛盾，走和谐"共建共管共享共治"之路，不就是一种可以具体落实的深化群众工作的方法吗？

在讨论"优化行为方式以最少踩坑"的时候，我们率先强调的是"坚持群众主体"，不是鼓励人去争辩和驳斥，而是希望群众能在"坑多雾重"时有主见、不糊涂。

（二）坚持专业协助支撑"目标群体主导"

坚持受益群众主导，坚持为受益群众主导提供"专业协助"陪伴支持，是发展项目最少掉坑的路径。注意，这里的"专业"指"协助陪伴有术""及时有效"和"能被受益群众接受"，不是非要强调学校的某种"专业"。

这里用一个小故事来说明"专业协助"的重要性。北方某地用财政扶贫资金20万元，支持某村群众改善人畜饮水困难问题。据说是用参与式方法，动员群众自己"选择打井地点"，结果打了井不出水，项目失败，资金浪费。有人提及这个故事以证明参与式方法不适用。而这个故事又被我们在培训时反复使用，借助这个故事，动员大家思考讨论，应该如何为"目标群体主导"提供有效支持。大家从该案例讨论中得到启发。（1）群众主导是容易出现"无序参与"的。（2）有的人会借群众的"无序参与"现象否定群众主导，因为群众主导肯定会动一些人的"小蛋糕"。（3）这个故事证明了协助者的必要性。没有协助陪伴支持的群众主导，几乎必然要出问题。（4）让群众选择打井地点，肯定是用错了方法。专业的事情让专业的人做，是不是忘记了有打井工程师的存在？如果说一定要由群众来决定在哪儿打井，是不是应该先由打井工程师出技术方案，给大家提供充足的理由，再让大家基于工程师的建议来选择呢？（5）如果打井工程师自己选择的打井地点也不出水，能否证明参与式方法行或不行？（6）"协助者支持"和"专业技术服务"不是一回事。打井工程师是打井相关技术专家。打井或其他技术工作如种养技术服务，是应该协调或购买的外部专业技术服务；协助者是协助群众主体跨越"无序参与困境"和抱团"共建共管共享共治"的专业工作者，不可混淆。

群众主导必须以专业协助者陪伴为配套，才可能少踩坑、会逃坑。

（三）坚持不跟风、自己不变形

有的地方风气不好。胡乱制造"政绩"，凭空捏造功劳，亮眼工程，"假创新"，"最"式攀比，等等，容易诱导人跟风踩坑，对优秀协助者的成长发展非常不利。

强调协助者不跟风不变形，是避坑逃坑的一个重要法门。在有生存压力的时候，在不跟风可能坐冷板凳的时候，守正是需要定力的。

以社区发展基金项目为例。社区发展基金是群众互助性质的资金，通过群众内部借钱用于发展生产。因此有"不吸储""不放高利贷"和业务"不出村"等自觉规定。但总有利益驱动的异化压力，引诱人们破坏规则，打政策擦边球，搞"以钱赚钱"。这是违反国家规定的。作为协助者，如果有一天看见其他地方开始突破"不吸储""不出村"等规定，获得好多利益，别人还当是"创新""政绩"吹得天花乱坠时，我们该怎么办？如果守不住底线，跟风跟进，时间将会证明，项目肯定难逃被关闭的下场。

在时有"乱风"、时有"糊涂风"的时候，坚持不跟风、不随便"变形"，是防止项目被异化而踩坑的一个有效办法。

（四）守拙者能走更远

所谓守拙，就是不过度取巧，有多大能力办多大事，追求"能做事、肯做事、做成事"。这样可能更少踩坑，可能走得更远。

实际怎么操作？以蜀光社区发展能力建设中心（以下简称蜀光）为例，机构做事原则中，有好几条是有利于项目避坑逃坑的。列其于下，供大家参考和思考。

• 坚持专业领域（扶贫与发展），主要在基层做事，在村以下做事；

• 坚持参与式发展方法，以能力建设促进参与式做法；

• 坚持以问题为导向，瞄准真问题，解决真问题；

• 坚持做一件事就做成一件事；

• 坚持不留后遗症。

近20年来，蜀光在实施项目时，几乎都是真正的"目标群体"主导，即把资源的控制权和项目的决策权交给社区，交到目标群体的手里。这种真参与，让受益群众成了真正的操心人。每一次都是群众带着巨大热情，付出最大努力，推进项目进展。这成就了蜀光项目踩坑相对少的局面。蜀光也以娴熟的协助者技能，陪受益群众走得更远。受益群众也做到了走得更远。以社区发展基金项目为例，在某县建立并有效自主运行 10 年以上的互助基金会，就有近 30 个。这是一路斗坑避坑逃坑绕坑和"与坑同舞"的结果。不因一时的机构运作压力胡乱接受所谓的"大项目"，不被短期利益吸引改变发展领域方向，坚持做事就要做人民群众喜欢的事，不求轰轰烈烈而是强调做事情要"比命长"，等等。回头看，守拙让我们有幸躲过了好多的坑。

"守拙能避坑"，不是理论推导，而是实践经验，是避坑法宝，也是今后蜀光要继续坚持的原则。

以真参与为拙，以瞄准问题为拙，以做成事为拙，以不留后遗症为拙。

在乡村振兴性新阶段"守拙"必有新作为。

发展项目有效避坑的事情，有你的参与，共同迎接挑战，未来可期！

参考文献

迪特里希·德尔纳. 失败的逻辑 —— 事情因何出错，世间有无妙策 [M]. 王志刚，译. 上海：上海科技教育出版社，2018.

汤姆·肯德里克. 识别和管理项目风险 —— 预防项目失败的基本方法 [M]. 刘悦，王丽，译. 北京：电子工业出版社，2017.

哈罗德·科兹纳. 项目失败分析与拯救 —— 案例分析与技巧 [M]. 叶红星，问静园，卓跃萍，等译. 北京：电子工业出版社，2015.

畑村洋太郎. 失败启示录：改变你一生的四步法则 [M]. 李战军，译. 北京：人民邮电出版社，2019.

傅君琳，郑少雄. 做事的逻辑 —— 如何持续做正确的事 [M]. 成都：四川人民出版社，2019.

劳拉·斯塔克. 用正确的方法做正确的事：变革加速时代不变的管理原则 [M]. 林贤聪，译. 北京：电子工业出版社，2017.

常小斌，张照. 成功一定有方法，失败一定有原因 [M]. 北京：中国言实出版社，2013.

韩伟. 农村社区发展项目管理 [M]. 成都：四川大学出版社，2006.

玛丽娜·克拉科夫斯基. 中间人经济：经纪人、中介、交易商如何创造价值并赚取利润？ [M]. 唐榕彬，许可，译. 北京：中信出版社，2018.

写作体会

写完本书回头看，感觉内心很撕裂。

一种感觉是太乌鸦嘴了。在发展项目领域，有这么多的坑吗？如果有这么多坑，为什么别人看不见，只有我们能看见？是不是我们自己有问题？或者是要求过高"有洁癖"？还是自视甚高？

另一种感觉是我们做对了！在即将到来的乡村振兴新阶段，面对"最后一公里"发展项目必须面对的种种困境，为了今后能做成更多实事，能出现更多做实事的人，来点丑话敲打、揭短鞭策、响鼓重锤，是必要的，是有价值的。无奈良药苦口，真话嘴毒，只好硬着头皮乌鸦嘴在先，诚心道歉于后——对不起了。

很明显，这本书有点杂。本来是按操作指南来写作的，但是发现有些问题没有现成的分析，有些价值理念需要补充阐释，有些实操知识需要简单介绍，有些观点需要讨论争论，加上写作无方，就难免看起来面面俱到，读起来啰嗦重复。这是写作水平的问题。有"砖头"可以"飞一飞"，我们可以捡起来作为将来修订的材料。

有机会去项目点看看我们的项目吧，那些真实生动的故事能说明很多的道理。

但愿这本书对你有用。祝你的项目实施得更好。

跋

　　"坑"，是我和韩伟老师交流中出现频率最高的一个词，话题缘起于四川参与式农村评估（PRA）共学营，一群对PRA感兴趣的伙伴组织开展了三期的共同学习，其中印象最深的就是韩伟老师分享的"坑"。因为，成功的经验不易复制，而失败的教训人人可以吸取，从而避免走弯路。当我知晓招商局慈善基金会要支持韩老师和杜老师出版与"坑"相关的书籍的时候，内心非常激动也非常期待，因为我知道这将是一本对一线发展项目工作真正有用的"工具书"，将弥补当前发展项目管理的一个短板。

　　2022年底，当我在平武县关坝村看到书稿雏形时，"坑""真实""群众主体""守拙""英雄应该不死"等词句，给我留下了深刻印象。如今《避坑有道——走出发展项目风险区》这本书羽翼丰满，即将横空出世。翻阅了两遍书稿，区别于枯燥的理论专著，这是一本理论和案例有机结合，标题准确、直接且发人深省，语言通俗且带着四川味道，插画风趣却直戳要害，内容清新脱俗又极为实用的书，特别适合项目办工作人员、基金会项目决策者、社会组织项目协助者、乡镇社区工作人员、热心公益慈善的社会人士等阅读、使用。

本书从四个案例讲起，引出"坑"的主题，介绍发展项目的五个困境，提出三个系统性策略，讲述五个经典招数，并且将提炼出来的精华融入协助、培育社区组织、项目调查、项目设计、实施管理、项目评估六个专题中，辅以案例分析。最后一章画龙点睛，以蜀光社区发展能力建设中心二十年发展项目的经验，总结出"五个坚持"，来回应五个困境，以守拙、守正、守真、守业之心自我鞭策，令人受益匪浅。这本书不仅仅是讲道理，有经验的人也可以把它当成一面镜子，审视自己、反省自己、突破自己；刚入门的人可以把它当成一本工具书，提醒自己、指导自己、训练自己。

这本书不仅适用于发展项目，其背后的理念、逻辑和方法适用于所有涉及公共利益和集体行动的工作，应用领域非常广泛，也希望能给发展、保护等公益行业带来一股清风，留下一分清醒。祝愿真正的主体能够受益，守拙者能少踩"坑"、进步快、走得更远——英雄不死。

冯杰